HIROSHIMA
TATEMONOGATARI

# HIROSHIMA
# TATEMONOGATARI

## Contents

**006** 人々の思いと歴史が建築を育む
### 訪ねてみたい広島の名建築

1.創業者・山本集一のロマンが今も息づく
　先端の文化を育んだ木造近代建築
#### ヤマモトロックマシン

2.日本と西洋の建築が美しく融合
　母への報恩を形にした大邸宅
#### 耕三寺 潮聲閣

3.軍都広島と被爆の歴史を今に伝える
　国内最古級のRC造建築
#### 旧陸軍被服支廠倉庫

4.広島の戦後復興のシンボル
　歴史的・建築的価値の高い存在
#### 市営基町高層アパート

| | |
|---|---|
| 004 | たてものがたりとは |
| 005 | ページの見方 |
| 028 | エリア・安芸 |
| 080 | エリア・備後 |
| 104 | エリア・芸北・備北 |
| 118 | これから様々なたてものと出逢うアナタへ |
| 119 | HIROSHIMA TATEMONOGATARI Other Architecture 68 |
| 127 | これからのたてものがたり |
| 134 | MAP |
| 138 | 参考文献 |
| 139 | INDEX |

# たてものがたりとは

「ひろしまたてものがたり」は広島県内の魅力ある建物を発掘・発信する県民参加型のプロジェクトです。モダンで美しい高層ビルから、情緒あふれるレトロ建築、貴重な国宝、世界遺産まで、魅力ある建物「100セレクション」を選定した後に、「訪れたい」「訪れてほしい」と感じる建物を、専門家による委員会と一般投票により、それぞれ30選定しました。"ひろしまらしい地域の宝"として、国内外に伝えていきます。

https://www.pref.hiroshima.lg.jp/site/tatemonogatari/

## 🏠「魅力ある建築」の募集
2013年12月25日から2014年2月28日まで募集を実施。応募総数500件を超える応募がありました。

⬇

## 🏠「100セレクション」の選定
選定委員会を設け、100の建物を選定しました。
選定委員会には広島大学大学院教授・杉本俊多さんを委員長に、6名の委員で構成されました。

⬇

## 🏠 委員会による「ベストセレクション30」の選定
100セレクションの中から有識者によって設けられた選定委員によって審査され、30の建物が選ばれました。

**選定委員**
- ■委員長　杉本　俊多（広島大学大学院　教授）
- ■委　員　芦原　太郎（公益社団法人日本建築家協会　会長）
- 　　　　　藤本　昌也（公益社団法人日本建築士会連合会　名誉会長）
- 　　　　　小西　郁吉（一般社団法人広島県建築士事務所協会　会長）
- 　　　　　増田　泉子（中国新聞ちゅーピーくらぶ　事務局長）
- 　　　　　高田　真　（アーキウォーク広島　代表）
- 　　　　　石岡　輝久（広島県　都市技術審議官）

⬇

## 🏠 みなさまからの投票

### 投票総数　160,038票

⬇

## 🏠 投票による「ベスト30」の発表

- 👑1位　嚴島神社 ……………………………………… 15,925票
- 👑2位　原爆ドーム（旧広島県産業奨励館）……………… 11,872票
- 👑3位　阿多田島灯台資料館 ………………………… 4,685票
- 　4位　広島平和記念資料館 ………………………… 4,255票
- 　5位　NTTクレド基町ビル ………………………… 4,005票

　　　　　　　　　　　　　　　　　　　　…and more

# ページの見方

### 施設名
- ●英語表記
- ●建物名
- ●撮影者名

### 【データ】
- 住所…建物の住所
- 問合せ先…建物について問合せるときの電話番号
- 交通アクセス…建物へのアクセス。※所要時間・距離についてはあくまで目安です
- 公開情報…建物の見学情報です。詳細については要問合せ
- 撮影…建物の撮影が可能かなどを表示しています
- HP…建物のホームページURLです

### 【ヒト・コト・モノhistory】
さらに各建物について深く知っていただくために、建物にかかわる人物や事柄、物に焦点をあて、解説を行います。建物ができた背景、建てた人物の詳細などを紹介します。

### 【グロサリー】
この建物の紹介文で使われている用語について解説をしています。紹介文をより深く理解できます。

### 【スポット】
建物の周辺にある編集部おすすめの立ち寄りスポットを紹介しています。より充実した建物見学のコースを組み立てることができます。

### 【アーキテクチャー】
建物の詳細データを紹介しています。
- 着工…建物建設工事が始まったとき
- 竣工…建物が完成したとき
- 設計者…建物の設計をした人・会社
- 階数…建物の階の数
- 建物高さ…建物自体の高さ
- 敷地面積…建物のある敷地全体の面積
- 建築面積…建物が建っている部分の面積
- 延床面積…建物内部の面積
- 構造…建物を形成する方法・材料
- 用途…建物の使用用途

特集

# 訪ねてみたい
# 広島の名建築

人々の思いと歴史が建築を育む

近年まで一般に公開されることがなく、知らなかった建物。
以前、観光で訪れたことがあった建物。
ずっと昔から街並みに溶け込み、外観だけは見たことがあった建物。
広島に住む多くの方がそんな認識を持っているであろう4つの建物を
"建築を楽しむ"という目線を通してご紹介します。
そこでは、建てた人とそれを受け継いでいる人々の思いが物語を紡いでいました。
着眼点を変えるだけで湧き出てくる、今まで知らなかった面白さを体感してください。

Hiroshima TATEMONOGATARI File 01
Yamamoto Rock Machine
# ヤマモトロックマシン
Photos/Akane Takegawa

シンメトリーの連続で
見事な造形美を醸す
天井の木製トラス

第一工場や青年学校などがある工場エリア。中央の第一工場は、正面から見るとアーチ窓など教会建築を意識していることがよくわかる

## 創業者・山本集一のロマンが今も息づく
## 先端の文化を育んだ木造近代建築

　江戸時代、たたら製鉄で栄えた中国山地に位置する東城町。この歴史ある街並みの一角にあるのがヤマモトロックマシンの施設群。さく岩機の製造で成功し、当時としては進取の気性にあふれていた創業者・山本集一が、昭和初期に西欧の様式建築を意識して建てた工場や自治寮などから成る。建築を担ったのは、地元の大工棟梁・曽田敏郎。山本集一とともに全国を歩き、教会を中心に近代建築を学んだという。

　この施設群を象徴するのが第一工場で、和風の建物が並ぶ東城では異質な、西欧の教会建築を思わせるデザインで、三廊式バシリカに似た平面形になっている。建屋正面のアーチ窓や、側面の上げ下げ式窓、天井の木製トラスなど、細部にも造形美が息づいている。

工場エリアから道路を挟んだ向かいにある自治寮エリア。家族寮、独身寮、食堂・娯楽棟が今も残っている

### 西欧の伝統デザインを
### 設計に色濃く反映

海外志向が強く、地元でも洋風の生活スタイルを貫き、西欧文化をこよなく愛した山本集一。その思いとこだわりが、施設群のハイカラなデザインに色濃く投影されている

創業者　山本　集一

上／昭和初期に建てられた木造の第一工場。正面は教会建築を思わせる外観。中央左・左下／仕上工場(上)と第二工場(下)のトラス。各工場、すべてトラスのデザインが異なる　中央上／第一工場正面のアーチ窓。窓枠は木を曲げて作られており、高い技術がうかがえる。すりガラスも当時のまま　中央下／柱には強固なクリの木が使われている。経年によりわずかにくるいも生じているというが今も現役だ　右下／さく岩機のギアをサイズ別に収めた木箱も工場の歴史を刻む

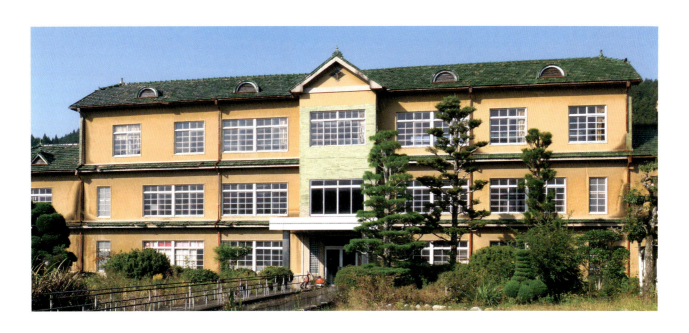

上／共用廊下の大きな窓からも自然光を屋内に取り込める独身寮。畳敷きの家族寮と同様、窓は低い位置に開口　下／食堂・娯楽棟の娯楽室。銅板整形天井やアールデコ調デザインの照明器具などにモダンな雰囲気が感じられる

## 敷地内マップ

A～Hの建築物は平成28年2月25日「国登録有形文化財」に登録されました。

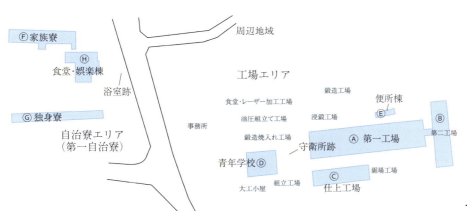

### ヤマモトロックマシン
### 自治寮活用プロジェクト

　工場エリアと道路を挟んだ向かい側にあるのが、従業員のためにつくられた自治寮。家族寮と独身寮、食堂・娯楽棟から成る。家族寮は洋瓦とドーマー窓を備えたハイカラな洋風の外観とは打って変わり、屋内は畳敷きで和の雰囲気。一部屋を一家族が使う形で、複数の家族が障子一枚で隔てられた中で共同生活を送っており、当時の古き良き集合住宅の姿を今に伝えている。単身者向けの独身寮は、1部屋に6～8名が寝泊まりし、明るく広い角部屋は管理職の者が居住。家族寮と独身寮の間に位置するL字型の食堂・娯楽棟には洋館部分と和館部分がある。卓球台もあったという娯楽室からは当時の賑わいが伝わるようだ。

　建築士の樫原節男氏（写真）と工場OBが中心となり、この優れた遺産を次世代に受け継ぐとともに、東城の活性化にも役立てたいという思いから平成25年(2013)にこのプロジェクトを発足。現在では、定期的に見学ツアーや県内外からアーティストを呼び、空き室で個展を開くなどの活動を行っている。

左／地元の山から切り出したマツとヒノキを使った青年学校。飴色になった板張りの腰壁や階段が歴史の深さを物語る　上／芸術的な鋼板整形天井とモダンな照明器具が目を引く職員室　右／筆で書かれた木札の文字も実に達筆

## 教育の場を提供して 社会貢献にも寄与

　当時は昼間工場で働き、夜間は高校に通って勉強できる「養成工」という制度があり、社内教育用として工場の隣に設けたのが青年学校。初代は社会貢献の意欲が高く、卒業後に他所に就職する生徒も受け入れるという懐の深さで、建物の1階は倉庫、2階を教室として使っていた。2階は最大限の採光を求めて横長の大きい窓を並べている。土壁に漆喰塗りの真壁が、内壁も外壁も塗り替えされていないのは当時の左官職人の技術の高さの証。従業員用トイレも、二重窓や寒さ対策のためにペアガラスを採用した建具を設置し、水洗機能まで備えるという、当時としては最新式であったことに驚かされる。

　初代はイギリスのユートピア思想を持ち、「経営者も従業員も、共に幸せに」と考えていたという。その思いが礎となったのか、工場や青年学校と同じようにデザインにこだわった設計を遂行していることに初代の心意気が感じられる。独身寮の床下をコンクリートで固めたり、上水道などのインフラも整えるなど、見た目の派手さではなく見えない部分にもしっかりと資金を投じており、今なお建物が現役であることは実に素晴らしい。この優れた遺産ともいうべき建物を保存し、地域の活性化に役立てようと、平成25年(2013)に「ヤマモトロックマシン自治寮プロジェクト」が発足。東城が誇る宝は、次世代へと着実に受け継がれていくことだろう。

---

## ARCHITECTURE

着　　工／昭和7年(1932)
竣　　工／第一工場 昭和9年(1934)、第二工場・仕上工場・家族寮・食堂・娯楽棟 昭和12年(1937)、青年学校 昭和13年(1938)、便所 昭和14年(1939)、独身寮 昭和14年(1939)
設 計 者／不　明
階　　数／第一工場・第二工場・仕上工場・便所地上1階、青年学校・食堂・娯楽棟・独身寮地上2階、家族寮地上3階
建物高さ／—
敷地面積／約9,000㎡
建築面積／第一工場1,421.20㎡、第二工場521.43㎡、仕上工場417.36㎡、青年学校308.66㎡、便所18.00㎡、家族寮314.35㎡、独身寮407.49㎡、食堂・娯楽棟281.25㎡
延床面積／第一工場1,421.20㎡、第二工場521.43㎡、仕上工場417.36㎡、青年学校308.66㎡、便所18.00㎡、家族寮808.13㎡、独身寮1195.30㎡、食堂・娯楽棟416.36㎡
構　　造／木　造
用　　途／工場、自治寮

## DATA

住所／庄原市東城町川西424-1
問合せ先／08477-2-4544
(ヤマモトロックマシン自治寮活用プロジェクト)
※ヤマモトロックマシン株式会社へ直接の問い合わせは控えてください
交通アクセス／JR芸備線「東城」駅から徒歩15分
公開情報／工場及び旧自治寮敷地内は非公開。定期的に開催している「春の町並みギャラリー」「秋のお通り」のイベント時には公開予定
料金／無料
撮影／OK(イベント時のみ)
HP／http://matidukuri.holy.jp/

## GLOSSARY

◆トラス／複数の三角形による骨組構造のことであり、結合部である「節点」はボルトやピンなどで結合されている。　◆モダニズム／20世紀になって発生した、装飾性を廃し、合理性、機能性を可能な限り追求した建築様式。　◆アールデコ／1910年代から30年代にかけて、パリを中心に西欧で栄えた装飾様式。　◆ドーマー窓／屋根に小さな空間を設けて取り付ける

## トイレは当時の最新式

トイレの二重窓は雨戸のように収納できる優れもの

トイレ入口のドアは寒冷地仕様のペアガラス

床や壁にモザイクタイルがあしらわれている

## DETAIL

階段の手すりにまで繊細な細工が施されている

造作の建具にあしらわれた装飾にも注目してみて

持ち送り(金物)には社章のYの字が施されている

家族寮の屋根に使用されていたモダンな瓦は輸入物

銅を加工して作った雨樋は、竹をリアルに再現したもの

### お話を聞いた人
**取締役会長　山本 勝俊**

**自社開発のさく岩機を海外の各国に広く発信**

昭和17年(1942)東京生まれ。自然をこよなく愛し、冬はスキー、夏は魚釣りを楽しむ。自社開発したさく岩機は、アメリカやスウェーデンなど海外でも活躍している。平成28年(2016)6月より現職。

## SPOT

### 味処　赤とんぼ
ヤマモトロックマシンすぐにある食事処。平日限定の日替わり定食(780円)は、メイン、味噌汁、小鉢、漬物、茶碗蒸しで落ち着く味付けだ。ごはんも2杯までおかわりできるのもうれしい。住／庄原市東城町川東1159-1／TEL.08477-2-1212

### 竹屋饅頭本舗
江戸時代から続く老舗。当時と変わらず、本格的な酒種を用いた酒饅頭を作り続けている。酒の香りが薫る薄皮に、自家製餡が美味。1個100円から買えるので街歩きにもよい。住／庄原市東城町東城249／TEL.08477-2-0005

### まなびやcafe
毎週水木金曜のみ営業しているカフェ。廃校になった小学校を利用した空間には当時のなごりがたくさん残っている。ランチ(1000円)は数量限定なので予約がおすすめ。住／庄原市総領町黒目1268-1／TEL.090-3633-1058

# Hiroshima TATEMONOGATARI File 02
## Choseikaku Villa of Kosanji Temple
# 耕三寺 潮聲閣
Photos/Akane Takegawa

施主の心を感じる美しき邸宅で
心和ませる日本庭園を眺めて

## 日本と西洋の建築が美しく融合
## 母への報恩を形にした大邸宅

　浄土真宗本願寺派の寺院・耕三寺は、大阪で人口径特殊鋼管の製造会社を営んだ実業家である耕三寺耕三が、母・ヤツの死後に造営したもの。それよりも先に、母が老後を送るための邸宅として建築したのが潮聲閣だ。父を早くに亡くした後に自身を懸命に育ててくれた母への報恩の気持ちが凝縮された建造物で、母の居室を想定した書院造の部屋が大広間よりも豪華なことや、仏間は母の死後に増築してまで大きく立派な造りにするなど、随所に耕三の母への深い敬愛が表れている。元来、耕三は人を驚かせたり感動させた りすることが好きだったといい、そんな気性が反映されたかのような細部に渡るさまざまな意匠は、同建築の見どころともいえる。見える部分には節のない木材、母の居室の建具には黒柿など高価な木材を惜しげもなく使用。折り上げ格天井には花や鳥をモチーフにした絵が描かれ、障子の下にある小さな襖のような地袋を開けると庭が眺められるなど、これらはすべて、横になった状態でも母の目を楽しませたいという耕三の思いの表れだ。浴室も、当時は珍しかったボイラー室や蛇口を備えた最新式のものを取り入れた。

一枚ずつ異なる絵柄が描かれた折り上げ格天井

左／建具に黒柿の木、壁に金色の唐紙が使われ、重厚な高級感が漂う母の居室。華麗な折り上げ格天井の絵は、母が好きだった花や鳥がモチーフ　右上／周囲を大理石で囲んだ浴室。深い浴槽内に造られた腰掛にも母への気遣いが　左下／式台を設けた表玄関から入ってすぐの和室。畳と同形に並んだ天井の一枚板に注目　右下／中国清朝時代の家具が彩る応接室

左／日本住宅と西洋風住宅が同居したユニークな外観は実に印象的　右／今回お話をお聞きした学芸員の吉田守さん。通常の訪問でもガイドの方が丁寧に案内してくれる

## 木目の美しい屋久杉と秋田杉
## 2種類の杉からなる大広間の天井

### DETAIL

左／大広間は屋久杉(右)、次の間は秋田杉(左)で天井を作る。木目の違いが面白い　右上／仏間の襖の絵は、仏を供養するために花を散布する「散華(さんげ)」を描いている　左下／打った釘の頭が見えないようにする釘隠しも、一つ一つ微妙にデザインが異なる　右下／ドイツから輸入したステンドグラスをあしらった浴室の窓

　さまざまな種類の銘木が見られるのも同建築の見どころの一つ。来客を楽しませることをもてなしと考えた耕三らしい計らいがなされている。潮聲閣を含む堂塔は国登録有形文化財で、本堂や孝養門は極彩色に彩られている。これらの金箔の貼り替えや文様の描き替えなどを担う加治大作さんは、日本画の絵の具を用い、同系色の顔料を淡い色から濃い色へ何度も塗り重ねて文様を描く。花びら一つでも描き手によって作風は微妙に異なり、「お母様のために建てられたお寺だから」と、柔らかい曲線を多用。耕三の思いは今も人々の心に息づいている。

### ARCHITECTURE

着　工／昭和2年(1927)
竣　工／昭和5年(1930)
設計者／不明
階　数／地上1階、洋館地上2階
建物高さ／10m
敷地面積／444㎡
建築面積／389㎡
延床面積／406㎡
構　造／木造、洋館RC造2階
用　途／邸宅

### DATA

住所／尾道市瀬戸田町瀬戸田553-2
問合せ先／0845-27-0800
交通アクセス／瀬戸内しまなみ海道
生口島南ICから車で13分
公開情報／見学可能
料金／潮聲閣見学料200円(大人・子ども均一)
※耕三寺博物館入館料が別途必要
撮影／OK
HP／http://www.kousanji.or.jp/

### GLOSSARY

◆浄土真宗本願寺派／浄土真宗の一派。親鸞聖人を宗祖と仰ぎ、門主を中心として浄土真宗の教義をひろめ、自他共に心豊かに生きることのできる社会の実現に貢献することを目的としている。　◆書院造／室町時代に始まり桃山時代に完成した武家住宅の様式。基本として座敷に、床の間・違い棚・付(つけ)書院・帳台構えを設備するもの。銀閣寺(慈照寺)の足利義政の書斎であった東求堂同仁斎は、ほぼその形式が整った現存最古の例。　◆唐紙／平安時代、文字を書くための詠草料紙として用いられ、鎌倉、室町時代の頃からは暮らしや建築様式の変化に伴い、衝立や屏風、襖や壁紙などの室内装飾に用いられるようになった。

## 耕三寺 境内

絵師 加治大作氏／広島市立大学卒業後、平成12年(2000)から耕三寺職員に。文様の描き替えにあたっては、古い文献や写真などを見て自ら研究

極彩色で描かれた文様も風雨にさらされて退色するため、加治さんが丁寧に絵の具を塗り重ねて描き替えを行う。描き替えは加治さんのみが担当し、大変な根気を必要とする仕事

## SPOT

### ドルチェ 耕三寺前店
耕三寺のそばにあるジェラート専門店。瀬戸田レモンやデコみかんなど、瀬戸内の果物をふんだんに使ったフレーバー等、常時5〜6種を用意。シングル320円、ダブル380円。住／尾道市瀬戸田町瀬戸田546／TEL.0845-26-4036

### 自転車カフェ＆バー汐待亭
江戸末期の庄屋を改装した店自体も見る価値大のカフェバー。仔牛の熟成厚切り牛タン丼(1500円)、しおまちパフェ(800円)など。自転車の販売、整備、レンタルも行う。住／尾道市瀬戸田町瀬戸田425／TEL.0845-25-6572

### プライベートホステル 瀬戸田垂水温泉
浜辺に建つプライベートホステル。オーナーが単身2年8ヵ月かけて造った石造の温泉浴場は、目の前の島並みが見渡せ、絶景。ラドンやメタケイ酸が含まれた湯には保湿効果あり。住／尾道市瀬戸田町垂水58-1／TEL.0845-27-3137

# Hiroshima TATEMONOGATARI File 03
## Former Army Clothing Depot
# 旧陸軍被服支廠倉庫

Photos/Kazuhiro Uchida

## 軍都広島と被爆の歴史を今に伝える
## 国内最古級のRC造建築

　被服廠とは、軍服や軍靴を中心に、軍事関係の衣服や雑貨類を製造した工場です。広島被服支廠は、日露戦争中の明治38年（1905）に洗濯工場として建築され、同40年（1907）に東京の本廠、大阪の支廠に次ぐ、全国3番目の被服廠に昇格しました。広島市に支廠が置かれたのは、宇品港が大陸に物資を送る拠点となっていたためで、他にも兵器支廠（外壁の一部を修道中学・高校で保存）や食料や飼料を作る糧秣支廠（一部を広島市郷土資料館として現存）が設置されました。広電宇品線の通りから被服支廠へ通じる道は通勤者で賑わい、「被服廠通り」と呼ばれていたといいます。現存する10-13番倉庫は、大正2年（1913）に竣工したものです。

　爆心地から2.7キロの距離にあり、外壁が厚かったことから原爆投下時も倒壊を免れ、負傷者を収容する臨時救護所となりました。なんとかたどり着いた被爆者も、その多くがここで力尽き、息を引き取っていきました。その悲惨な状況は、峠三吉の散文詩「倉庫の記録」（『原爆詩集』所収）に、「その日足のふみ場もなくころがっている…二日め床の群はなかばに減って…八日めがらんどうになった倉庫…」と描写されています。爆風によって大きく歪んだ窓の鉄製扉は、現在もそのまま残されています。また、爆風によって浮き上がったれんが塀の笠木は切り取られて、広島平和記念資料館で保存されています。

　戦後、被服支廠の建物は、広島大学や広島皆実高校の校舎などに転用されましたが、年月を経て次々と取り壊されていきました。日本通運

## 歴史の流れと共に
## いくつもの顔を持つ建物

現在、L字型に4棟が残っているが、戦前は隣接する広島県立広島工業高校や広島皆実高校も被服支廠の敷地だった。建物はどれも大きく、静かな街並みに突然現れる赤れんがの壁面が非常に印象的。大正2年（1913）8月に建てられ、平成7年（1995）頃まで、多くが日本通運の出汐倉庫として使われていた

の倉庫と広島大学の学生寮として使用されていた4棟のみ残り、広島市の被爆建物台帳に登録されています。現在は未使用の状態になっていますが、イベントなどで開放されることもあり、事前に広島県財産管理課に申し込めば見学も可能です。

　建築史的見地から被服支廠の特筆すべきところは、日本最古級のRC造（鉄筋コンクリート造）ということです。わが国でRC造が普及するきっかけとなった関東大震災の前に建てられているため、被服支廠にはRCとれんがの併用という、それ以降にはない特徴が見られます。れんが造建物が、れんがを積んで壁を作り、内部の柱や床を木・鉄で作っていたのに対し、被服支廠では、壁はれんがのままで、内部の柱や床の材料をコンクリートに置き換えています。建物の内部は3層構造。屋根を支える小屋組みも、鉄ではなくRCで造っていることも特徴です。大正時代は、装飾の多い従来の西洋建築様式からモダニズムへの移行期とされますが、被服支廠は装飾的要素も残した重厚な外観と、モダンで軽快な室内とが調和した、過渡期ならではの建築デザインだといえるでしょう。

　戦前の「軍都広島」の興隆を、これほどのスケール感で伝える建物はほかにありません。また、多くの人が命を落とした被爆建物として、爆風で変形したままの姿をとどめており、見学し、その場の雰囲気を感じる価値のある建物だといえます。

そこに立つだけで
紡がれてきた物語を五感で感じる

## ARCHITECTURE

着　　工／大正元年(1912)
竣　　工／大正2年(1913)8月
設 計 者／不明
階　　数／地上3階
建物高さ／17m
敷地面積／17,206.22㎡
建築面積／9,704.56㎡
延床面積／21,721.10㎡
構　　造／RCとれんがの併用
旧 用 途／被服支廠、倉庫群
　　　　　※現在は使用されていない

## DATA

住所／広島市南区出汐2-4-60
問合せ先／082-513-2305(広島県財産管理課)
交通アクセス／JR広島駅から広島電鉄
「皆実町二丁目」電停から徒歩8分
公開情報／見学不可
※イベント時や広島県財産管理課に
事前の申し込みで可能な場合も
料金／無料
撮影／—
HP／なし

## GLOSSARY

◆峠三吉(1917〜1953)／詩人。広島市翠町で被爆し、その体験を『原爆詩集』にまとめて出版した。
◆笠木／塀や壁などの上端に渡す横木。　◆RC造(鉄筋コンクリート造)／圧縮力には強いが引張り力に弱いという性質があるコンクリートを、引っ張りに強い鉄筋で補強した構造形式。　◆小屋組み／屋根を支えるための骨組みとなる構造。　◆繰形／建物や家具につけられる帯状の装飾。

左／倉庫3階。小屋組みも屋根もRC造なのが特徴　右上／繰形など、随所に装飾的な要素も見られる　右中／倉庫内部のスラブ（RCの床）。耐震性に問題があり、関東大震災後に廃れた古い製法で造られている。

## SPOT

### 庭園と料亭 半べえ

温泉のある料亭。湯上がりには、日本庭園を眺めながら料理人が振る舞う本格和食がいただける。温泉施設（大人770円※入湯税50円含む）とれすとらん「きすいのお席」は予約なしでOK。住／広島市南区本浦町812／TEL.082-282-7121

### four-leaf clover

一見、美容室のようにも見える、しゃれた構えの隠れ家的カフェ。パスタランチ（810円）、デリランチ（880円）、ドリアランチ（930円）。ランチのみの営業。住／広島市南区出汐1-7-18松本ビル1F／TEL.082-256-4350

### Force

伊レストランのオーナーが経営するベーカリー。北海道の小麦粉「はるゆたか」、農場から仕入れた有機野菜、自家栽培の無農薬果実などを贅沢に使ったパンは食べごたえ充分。住／広島市南区段原2-8-15／TEL.080-3057-1242

Hiroshima TATEMONOGATARI File 04

Municipal Motomachi High-rise Apartment

# 市営基町高層アパート

Photos/Toshiyuki Nakao

広島の戦後復興のシンボル
歴史的・建築的価値の高い存在

　基町高層アパートは、広島において戦後復興の象徴ともいえる建築物です。昭和20年（1945）8月6日に原子爆弾が投下され、同年8月15日に終戦を迎えた広島。国が管理する旧軍用地であった基町地区では西側の大半を公園とする計画決定を行いました。しかし、戦後の広島では極端に住宅が不足していたため、戦災者のための住宅用地として県や市が国から借り受け、応急的な公的住宅を木造で建設。それでも住む場所は足りず、やむを得ず河川敷などに民間不良住宅が密集していきました。

　このため、木造公営住宅の建て替えを進めましたが、これだけでは、全域の不良住宅解消は不可能だと判断。限られた土地を有効活用するために、当時の公営住宅としては珍しい高層建築として、昭和44年（1969）3月から、基町高層住宅の建設が開始されました。

　設計を担当した建築家・大高正人は、川添登、黒川紀章らと共にメタボリズムの建築思想を掲げた一人です。同建築にもその思想が反映されています。また、ピロティや屋上庭園、住居のユニット化などはル・コルビュジエの「ユニテ・ダビタシオン」に源流を見ることができますが、その規模や用途の多様さから、より都市を指向した作品といえます。日照、通風、プライバシー等を考慮して「く」の字型に連結しており、また、歩車分離の動線、屋上を連結したオープンスペースにするなど、当時としては先進的でした。

―建築の捉え方を学ぶ―
## 建築は人の気持ちが形づくるもの
## 良し悪しではなく、その中に美学がある

広島大学 大学院工学研究院

**准教授　千代　章一郎 氏**

建築意匠学が専門。研究の中心は、20世紀を代表するフランスの建築家「ル・コルビュジエ」の建築プロセス。近著に『ル・コルビュジエ図面撰集-美術館篇-』『ル・コルビュジエ書簡撰集』(中央公論美術出版)。

　基町高層アパートに実際に行ってみると、デザインとしても非常によくできているし、屋上庭園では住民たちが楽しそうに花壇を手入れしていて、ショッキングでしたね。今もよく管理されている。都市とか街並みを見るときに、僕は意外に植栽を見るんです。そこに人がいてちゃんと管理していないと、植栽も建物も生きない。同じような物理的変化をした建物があるのに、一方は生き生きしていて、もう一方は荒廃してみえる。これっていったい何なんだという話です。同じ歳をとって、肌艶のよさそうな人とそうじゃない人がいるのと同じです。ちょっとした仕草の違い。建物も同じで、生き物なのです。

　建築家が提案したものがうまく反応し、愛されている建物っていうのは、単純に世間の要求を満たしていることではなくて、そこに建築家の思いが入っているということ。また、そこに生きてきた人にどんな物語があるのか、建物がどういう風に生かされたのか、そして大前提に建てた人の思いがあり、初めてその建物の物語は成立します。そういったことも知り、多様な建築の見方ができれば面白いと思います。

## 眺望にも配慮した
## 市内が見渡せる屋上庭園

当時は一般公開する前提で設計された屋上。現在は住民のみが使用でき、緑化され屋上庭園となっている。南に行くほど低くなるよう設計され、眺望にも配慮。屋上からは市内を一望できる

## ARCHITECTURE

着　　工／昭和44年(1969)
竣　　工／昭和53年(1978)
設 計 者／大髙正人(大髙建築設計事務所)
階　　数／地上8〜20階
建物高さ／64.4m
敷地面積／—
建築面積／17,259.41㎡
延床面積／117,206.58㎡
構　　造／S造、一部SRC造
用　　途／市営住宅ほか

## DATA

住所／広島市中区基町
問合せ先／082-504-2168
(広島市都市整備局住宅部住宅整備課)
交通アクセス／アストラムライン城北駅から徒歩2分
公開情報／見学目的での住棟内(共用部含む)への立入不可
料金／—
撮影／OK(外観のみ)
HP／—

## GLOSSARY

◆大髙正人(おおたかまさと)(1923-2010)／建築家。前川國男に師事。新宿副都心、多摩ニュータウン、みなとみらい21(横浜)など、多くの都市計画に関わった。
◆メタボリズム／建築や都市のあるべき姿を新陳代謝(メタボリズム)によって成長する有機体に見立てる思想。1960年代の日本を代表する建築運動となった。
◆ピロティ／ル・コルビュジエらが提唱した「近代建築五原則」のひとつ。1階が主に柱だけからなり、建物を地上から高い位置に置く形式。 ◆ル・コルビュジエ(1887-1965)／スイスで生まれ、フランスで活躍した20世紀を代表する近代建築の巨匠。 ◆ユニテ・ダビタシオン／ル・コルビュジエが設計した一連の集合住宅。

建物の1階はピロティとなっており、駐車スペースが設けられ、自由に行き来することができる。同じく1階には商店街が配置されたエリアも。また、地区内には小学校や保育所、集会所なども配置されている

## SPOT

### 中華料理 再々来

本場の中華を大ボリュームで提供する中華料理店。その味と量は40年来、地元で支持されており、リピーターも多い。スペシャル定食(唐揚げ、酢豚、エビ玉)1300円など。住/広島市中区東白島町7-3／TEL.082-228-0045

### 讃岐手打うどん 美の庵(みのあん)

茹でたてのうどんに揚げたての天ぷらが楽しめる店。おすすめは、もみじ豚と餅天がのった美の庵うどん(790円)。ショウガの効いたダシで、意外にさっぱりと食べられる。住/広島市中区東白島町2-13／TEL.082-221-1250

### Green Pounds HAKUSHIMA

無農薬の素材を使ったパウンドケーキや自家焙煎コーヒー豆、オーガニックワインなどを販売するビオマルシェ。ギフトにもぴったりなアイテムが多数そろう。毎週土曜は採れたての有機野菜が入荷。住/広島市中区東白島町4-15／TEL.082-227-8095

あなたが開く、ひろしまの新しい物語の扉
# HIROSHIMA
# TATEMONOGATARI
# AKI

Hiroshima TATEMONOGATARI File 05
Hiroshima Peace Memorial Museum
# 広島平和記念資料館
Photos/Toshiyuki Nakao

## 「平和を創り出す工場」を目指し
## 戦後日本建築の原点となった傑作

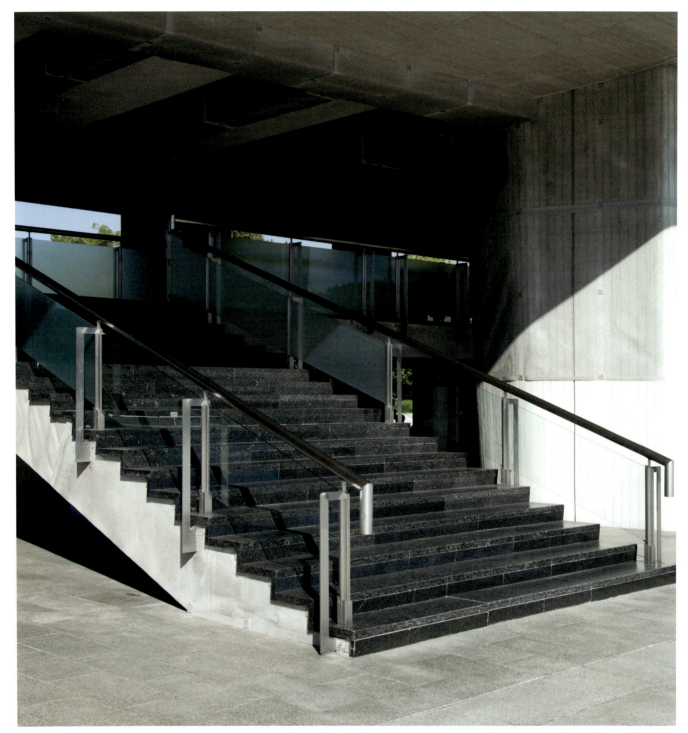

丹下健三は、「社会的人間の尺度」や「人間の尺度」と名付けた独自の寸法を駆使して資料館の階高や幅などを決め、両者が関係し合いながら建物を形作っていく構成とした

## DATA
住所／広島市中区中島町1-2
問合せ先／TEL.082-241-4004
交通アクセス／JR広島駅から広島電鉄「原爆ドーム前」電停下車、徒歩5分
公開情報／見学可能。開館時間(3〜11月)8:30〜18:00、
8月は19:00まで(8月5日、8月6日は20:00まで)、(12〜2月)8:30〜17:00
※入館は閉館30分前まで
料金／観覧料大人200円、高校生100円、中学生以下無料
撮影／OK(展示室は不可)
HP／http://www.pcf.city.hiroshima.jp/

ピロティの階高は「社会的人間の尺度」、階段踊り場の高さは「人間の尺度」となっている

10本の柱は、弓形に2列配列した構造で、横一列ではなく微妙に前後して「つづみ形」を描く

## The Column to Deepen Your Insight
## ヒト・コト・モノ history

## 丹下健三
Kenzo Tange/1913〜2005

　大正2年(1913)、大阪府堺市に生まれた丹下健三は、中国を経て、小学校から父親の故郷・愛媛県今治市で育ちます。昭和5年(1930)、旧制広島高校に進学し、広島市で学生生活を送ります。自分の進路について、深く悩んでいた丹下は、高校の図書館で、雑誌に掲載されていたル・コルビュジェの「ソビエトパレス」案を見て衝撃を受け、建築の道に進むことを決心。まさに丹下の運命の扉が開いた瞬間でした。
　ソビエトパレスは、ソビエト連邦時代のモスクワ川に面した土地に計画された超巨大建築であり、ル・コルビュジェの案は選定されなかったものの、現代の大建築に通じる斬新で先進的なデザインで、全世界の建築家に影響を与えています。
　丹下は東京帝国大学で建築を学び、前川國男の下で仕事をした後、大学に戻り都市や広場の研究に打ち込みます。そして終戦間際、父親危篤の報を受け今治の実家に戻る道中で、思い出の地である広島全滅の報を聞きました。故郷に帰ると父親はすでに息を引き取っており、母親も原爆投下と同日の今治空襲で亡くなっていたことを知ります。そうした個人的体験もあって、丹下は昭和21年(1946)夏には早くも広島入りし、「広島復興都市計画」の立案に関与。続いて平和記念公園及び資料館のコンペに当選し、その設計を担うことになります。広島市の復興を決定づけたこの仕事は国際的にも高く評価され、丹下が「世界のタンゲ」へと飛躍する契機となりました。

　与えられた敷地だけでなく、都市空間全体を見据えたデザインを実現し、戦後日本建築の原点とされる歴史的名建築。世界平和記念聖堂とともに、平成18年(2006)に戦後建築としては初めて国の重要文化財に指定されました。
　建設のきっかけは、昭和24年(1949)に成立した「広島平和記念都市建設法」です。恒久平和への願いを込めて平和記念都市を築こうとする法律で、その一環として公園を整備し、原爆関連資料を陳列する施設を建設することになりました。設計コンペの結果、広島との縁が深い丹下健三(たんげけんぞう)氏のグループが提案した「平和を創り出す工場」をコンセプトとした企画案が、145作品の中から採用されたのです。
　この作品は、広島の地形を生かしつつ、都市計画的な視点を踏まえた提案で、平和記念公園の南側にある100m道路(平和大通り)を東西の横軸とし、これに直交する南北の縦軸を原爆ドームに向けて引き、この縦軸上にアーチ(現在の原爆死没者慰霊碑)、平和記念資料館を配置したもの。設計当時、原爆ドームはそれほど重要視されておらず、丹下の企画案によって保存への道筋ができたともいわれます。
　高床式に見える外観で、伊勢神宮の大地から立ち上がる力強さを表現したとも指摘されています。ピロティが支える2階展示室はラーメン構造となっており、開口部には水平と垂直のルーバーが並んでいます。装飾を排したシンプルな空間ながら、柱と梁、手すりなどが織り成す縦と横の繊細な構成美が特徴といえるでしょう。
　丹下は、復興には巨大なスケールの建築が必要だと考えていました。人間のスケールを超えた「社会的人間の尺度」と、従来の「人間の尺度」の対比が随所に見られることも特徴です。
　資料館が完成した、昭和30年(1955)8月の慰霊式典には5万人もの人が訪れました。施工後は、現在のリニューアル工事を含め3度の大改修を行っていますが、より原案に近づいてきているといわれ、丹下の先駆性の証明だとされます。

ピロティの柱は、当時建設中のユニテ・ダビタシオン(フランス)を参考に厚みを持たせた

「人間の尺度」が明確に現れているとされる階段の踊り場。建築当初は出入り口だった

## ARCHITECTURE

着　　工／昭和26年(1951)2月
竣　　工／昭和30年(1955)8月
設 計 者／丹下健三計画研究室(丹下健三、淺田孝、
　　　　　大谷幸夫、木村徳国)
階　　数／地上3階
建物高さ／16.8m
敷地面積／不明
建築面積／1,351.06㎡
延床面積／1,615㎡
構　　造／RC造3階
用　　途／資料館

## GLOSSARY

◆広島復興都市計画／昭和21年(1946)に、広島市が「戦災復興都市」に指定されたことを受け、広島市復興審議会で取りまとめられた道路や公園整備等の都市計画。◆丹下健三(1913-2005)／日本を代表する建築家、都市計画家。代表作に「国立屋内総合競技場(現:国立代々木競技場)」や「東京都庁舎」などがある。◆ラーメン構造／柱と梁が一体化した構造。◆校倉造り／断面が三角形の木材を平らな面を内側にして積み上げる建築様式。多くは古代に倉として建てられた。◆ピロティ／2階以上を住まいや収蔵庫とし、1階を柱だけの吹き放ちにした構造のこと。◆ファサード／街路や広場などに面する建物の正面部分のこと。◆ユニテ・ダビタシオン／ル・コルビュジェが設計した一連の集合住宅。◆モデュロール／ル・コルビュジェが人体の寸法と黄金比から作った建造物の基準寸法の数列。丹下健三も独自の基準寸法を作った。◆ル・コルビュジェ(1887-1965)／スイスで生まれ、フランスで活躍した20世紀を代表する近代建築理論家の巨匠。◆前川國男(まえかわくにお)(1905-1986)／ル・コルビュジェの下に学び、日本の近代建築の動向に大きな影響を与えた建築家。代表作は「東京文化会館」、「東京都美術館」など。◆モダニズム／鉄筋コンクリートやガラスを多用した、直線や平面による構成を大きな特徴とする建築様式。

左／平和大通り（幅員100m）をアプローチとし、原爆ドームへつながる南北の軸の起点となる「広島平和記念資料館」。戦後の日本建築のスタート地点といっても過言ではない、日本におけるモダニズム建築の傑作である
右／設計コンペでは、丹下だけが原爆ドームを意識し、公園の中心軸の先端に見据えて計画したとされる。慰霊碑は当初のイサム・ノグチによる案が却下され、丹下がわずか4日間でデザインしたものだ

## SPOT

### 長崎堂のバターケーキ

カステラの製法を研究していた初代店主が、1960年ごろ「よりおいしく滋養のある菓子を」と考案した長崎堂の看板商品。午前中に行列ができ、売り切れることも多い。中サイズ1,200円。住／広島市中区中町3-24 TEL.082-247-0769

### 汁なし担々麺専門 キング軒 大手町店

広島の新たなソウルフードとなっている汁なし担担麺の人気店。麺をよく混ぜてタレと具、スパイスを絡めていただく。山椒と唐辛子が味のアクセントで一度食べるとヤミツキに。住／広島市中区大手町3-3-14武本ビル1F／TEL.082-249-3646

### 雁木（がんぎ）タクシー

広島市内の6本の川を走る水上タクシー。大人6人乗りの小型ボートで、川沿いに数多くある「雁木」が乗降場。基本料金1人500円〜。水の都・広島の魅力を再発見できる。予約・問合せはTEL.082-230-5537へ。

Hiroshima TATEMONOGATARI File 06

Atomic Bomb Dome

# 原爆ドーム（旧広島県産業奨励館）
Photos/Toshiyuki Nakao

## 戦前の文化発信拠点が原爆の惨禍を経て 恒久平和を訴える世界遺産に

建物の現状を把握するため、おおむね3年に1度、健全度調査を行っており、保存に影響のある劣化や損傷が見られた場合、補修工事が行われる

## DATA

住所／広島市中区大手町1-10
問合せ先／TEL.082-504-2393
（広島市都市整備局 緑化推進部 緑政課）
交通アクセス／JR広島駅から広島電鉄「原爆ドーム前」電停下車、徒歩3分
公開情報／外観のみ見学可能
料金／無料
撮影／OK
HP／なし

元安川沿いには、建築当時の写真とともに、その後の歴史を紹介した銘板がある

楕円形をしたドームの天井。ドームの直下、5階建ての正面中央部の内部は吹き抜けの螺旋階段のある円筒状の構造になっており、梁の跡を見ることができる

## The Column to Deepen Your Insight
## ヒト・コト・モノ history

### 広島県物産陳列館
#### Hiroshima Prefectural Commercial Exhibition Hall

　広島にもモダンな文化が花開いた大正時代に、当時日本で活躍していたチェコ人の建築家ヤン・レツルの設計により建築。中央に銅板葺の卵型ドームがそびえる大胆なデザインに加え、建築物単体ではなく、周辺景観との調和に配慮して設計するというヨーロッパ的な建築手法を披露し、広島の新しいシンボルとして親しまれました。

　もともと、広島は他都市と比べて近代化が遅れていましたが、宇品港が建設され、日清戦争（1894～1895）で臨時帝都となって以降は、陸軍施設の立地が進み、軍需が街の経済を引っ張る「軍都」として発展していきました。こうした背景の下、勃興する県内産品の販売促進拠点として、県が建設したのが「広島県物産陳列館」です。海外にも事務所を設置し、県産品の海外輸出の窓口にもなりました。広島で初めて、デパート形式の販売を行ったのもここです。

　業務は、県内の物産品の展示・販売にとどまらず、県美展の会場になるなど、博物館・美術館としての役割も担っていました。しかし、戦争の長期化・激化とともに業務を縮小。戦争末期の昭和19年（1944）4月からは、内務省中国四国土木出張所、広島県地方木材株式会社などが入居し、官公庁や統制会社の事務所として使用されます。昭和20年（1945）8月6日、原爆の被害を受けたこの建物は、その姿、名称と役割りを大きく変えることになります。

　核兵器廃絶と恒久平和を求める誓いのシンボル。大正4年（1915）、県内産品の販売促進拠点として、広島県がチェコ人の建築家ヤン・レツルに設計を依頼し、広島県物産陳列館として建設されます。建物全体は、窓の多いれんが造りの3階建て。正面中央部分は5階建ての階段室で、その上に楕円形のドームが載せられていました。注目すべき点は、配置とデザインです。川と景観との調和を意識し、建物全体を川に顔を向けるような形でカーブさせた配置計画。エントランス周辺に、幾何学的な装飾を施した大胆なヨーロッパ風の建築デザインを取り入れた設計。木造2階建ての建物が大半だった当時、レツルの設計は驚きを与え、川面に映える姿の美しさとあいまって、広島市の名所の一つになりました。建築は地元の建築業者が請け負っており、当時の広島の職人のレベルの高さが分かります。その後、何度か名称を改め、昭和8年（1933）からは広島県産業奨励館になります。

　そして、昭和20年（1945）8月6日、人類初の原子爆弾が広島市中心部の上空約600mで爆発すると、産業奨励館も爆心地から約160mの至近距離で被爆し、建物は爆風と熱線を浴びて、一瞬にして大破、天井から火を吹いて全焼します。しかし、爆風が建物のほぼ真上から働いたため、壁の一部は倒壊を免れ、ドームの鉄枠とともに象徴的な姿をさらしました。

　戦後、残った頂上の円盤鉄骨の形から、いつしか「原爆ドーム」と呼ばれるようになります。被爆の惨状を伝える記念碑的存在として残すのか、倒壊する恐れのある危険建造物で、被爆の悲惨な思い出をイメージさせる、といった観点で取り壊すのか、考え方が二分。最終的に、被爆者、広島市民、全国の平和を願う人々の切望でドームは完全保存、後世に残すことが決定し、昭和42年（1967）に第1回保存工事が行われました。こうして、原爆ドームは核兵器による被爆の惨状を伝える人類共通の平和記念碑となり、平成8年（1996）にはユネスコ世界文化遺産として登録されています。

爆風で曲がった非常階段

地下室は埋没し階段のみ残る

倒壊した建物の跡には、当時使われていた無数のれんががそのままの姿で残っている

## ARCHITECTURE

着　工／大正3年(1914)1月
竣　工／大正4年(1915)4月
設 計 者／ヤン・レツル
階　数／地上3階
建物高さ／約25m
敷地面積／不明
建築面積／1,002.01㎡
延床面積／不明
構　造／鉄筋コンクリート造

## GLOSSARY

◆ヤン・レツル(1880-1925)／チェコ人建築家。明治末期から大正にかけて主に日本で活躍。大正6年(1917)には、宮島ホテルも設計した。◆ユネスコ世界遺産／昭和47年(1972)のユネスコ総会で採択された「世界の文化遺産および自然遺産の保護に関する条約」(世界遺産条約)に基づいて世界遺産リストに登録された遺跡、景観、自然など人類が共有すべき「顕著な普遍的価値」を持つ物件のことで、移動が不可能な不動産やそれに準ずるものが対象。◆セセッション／19世紀末にウィーンで興った新しい造形芸術の運動。過去のスタイルから「分離する」という意味。◆イオニア式柱頭装飾／古代ギリシャ建築の柱の様式の一つ。イオニア地方に興ったもので、柱は細身で礎盤があり渦巻型の柱頭を持つ。

左／原爆により、天然スレート板で覆われた屋根が落ち、内部の木造部分が焼け、外壁の一部が崩れて現在のような姿となった。敷地内には鉄筋がむき出しになったコンクリート塊があちこちに横たわり、がれきの山から被爆した当時の凄まじい惨状が想像できる
右／建物のデザインには、正方形を主体とする幾何学模様や植物的な曲線模様が各所に入っており、セセッションの影響が見られる。中央にはイオニア式柱頭装飾もある

# SPOT

### 被爆電車
原爆投下のわずか3日後、生き残った関係者たちの尽力により、広島市の路面電車は一部路線で運転を再開した。焼け野原を行くその姿は復興の象徴となり、うち2台（651号車、652号車）は今なお現役で、街を走りつづけている。

### 島々（しましま）
郷土料理RIVAのエントランスにある小さな和菓子店。和三盆やてんさい糖等を使用。甘さを抑えた、シンプルな中に深い味わいのある和菓子は、引き算の美学を感じさせる。住／広島市中区新天地1-17 TEL.082-545-5360（RIVA）

### ビールスタンド重富（重富酒店）
夕方5時から2時間だけ、ビール専門の角打ち（酒屋の店頭での立ち呑み）を楽しめる行列店。管理、注ぎ方、グラス洗浄、すべてを徹底している。住／広島市中区銀山町10-12 TEL.050-3635-4147

Hiroshima TATEMONOGATARI File 07

Memorial Cathedral for World Peace (Noboricho Catholic Church)

# 世界平和記念聖堂 (カトリック幟町教会)

Photos/Tomoyuki Nakao

## 原爆犠牲者の慰霊と万国民の友愛のしるし ローマ教皇から支援を受けた聖堂

彫刻がはめ込まれた聖堂正面の欄間型格子。カトリック教会の教えである七つの秘跡(神の恵みを目に見えるかたちとして定められたもの)を表している

## DATA
住所／広島市中区幟町4-42
問合せ先／TEL.082-221-0621
交通アクセス／JR広島駅から広島電鉄「銀山町」電停下車、徒歩5分
公開情報／見学可能(6:30〜21:00)※祭儀などの場合は非公開、団体は要予約
料金／無料
撮影／OK(内部撮影は要許可)
HP／http://www.nobori-cho-catholic.com/

内陣ドームの頂に据え付けられた鳳凰の像。随所に日本的なデザインが

壁面にある聖堂記には「この聖堂を訪れ、ご覧になるすべての方々は、亡くなられた犠牲者の永遠の安息と人類相互の恒久の平和のためにお祈りください」と刻まれている

## The Column to Deepen Your Insight
# ヒト・コト・モノ history

## ラサール神父
Hugo Makibi Enomiya-Lassalle／1898〜1990

　ドイツ出身のラサール神父は、第一次世界大戦に従軍した後、イエズス会に入会。大学で哲学と神学を学び、昭和4年（1929）に来日。上智大学で教鞭を執った後、広島に移住。原爆投下時に、広島天主公教会（幟町教会）の司祭館にいた神父は、負傷したものの、長束のイエズス会修練院に避難。12月に幟町教会に戻り、焼け跡に建てたトタン板の三畳ほどの小屋で生活を始めます。そこで被爆後最初のクリスマスミサを行い、救いを求める人々を支えます。

　翌年、イエズス会総会のためにバチカンを訪れてローマ教皇に聖堂建設の構想を述べ、協力の約束を得ます。その後、ヨーロッパ、南北アメリカを旅して寄付を募り帰国。国内外からの献金を得て、聖堂の建設という偉業を成し遂げました。設計コンペ報告書の序文に、ラサール神父はこう記しています。

　「終戦とともに日本に新しい時代が始まった。新しい日本は、古くからある日本文化の価値ある宝を失ってはならない。フェニックスがいつもその灰から生まれ変わると同じように日本古来の宝が新しい日本に清新な姿で復活しなければならない」。（DAAD友の会・会誌「ECHO」より）

　こうした業績により、ラサール神父は昭和43年（1968）に広島市の名誉市民として顕彰されました。聖堂を設計した村野藤吾は建築を通してカトリック信仰を深め、その後、ラサール神父により洗礼を受けます。

　世界から寄せられた献金と寄贈品によって建てられた、原爆犠牲者を慰霊し、世界平和を祈るカトリック教会の聖堂。広島平和記念資料館とともに、平成18年（2006）に戦後近代建築としては初めて国の重要文化財に指定されました。

　聖堂献堂への道のりは、明治35年（1902）、現在地に「広島天主公教会」が建てられたことに始まります。その後、昭和15年（1940）にドイツ人のフーゴー・ラサール神父が着任。昭和20年（1945）8月6日、原爆投下により教会は焼失。ラサール神父は、「万国民の友愛と平和のしるし」として聖堂を再建する決意をし、昭和21年（1946）、バチカンを訪れてローマ教皇ピオ12世に広島の惨状と聖堂建設を訴え、教皇から支援と祝福をいただき、世界各地へも協力を呼びかけました。

　こうして世界平和記念聖堂は昭和23年（1948）に設計に着手。最終的にコンペの審査員村野藤吾（むらのとうご）が設計を担当することになりました。途中、資金難で何度も工事が中断されますが、世界からの善意の献金約1億円、多数の寄贈品により、昭和29年（1954）に献堂します。

　教会から提示されたコンセプトは、「日本的でかつモダンな」「宗教的」「記念建築的」の3つで、村野はこれらを巧みに織り成して造型しました。建物はコンクリートの躯体と20数万個のレンガで構成されています。聖堂は、伝統的な教会建築である三廊式バジリカと呼ばれる形式を踏襲。目地は意図的に粗い仕上げとし、壁面には「れんが」の出し入れによる微妙な凹凸が。階段の手すりが柔らかな曲線を創り出すなど、温かみを大切にする村野のこだわりが随所に見られます。

　また、日本の伝統的な文様を連想させる窓、蓮を模した照明、圓鍔勝三（えんつばかつぞう）が現場で制作した欄間彫刻など、細部にわたって巧みに織り込まれているのも見所です。なお、構造設計は、内藤多仲によるものです。

花びらのような曲線で構成された小聖堂

ドイツから寄贈された正面の銅扉

第二次世界大戦時は兵器工場であった西ドイツの会社から寄贈された「平和の鐘」

## ARCHITECTURE

着　　工／昭和25年(1950)8月6日 定礎式
竣　　工／昭和29年(1954)8月6日 献堂式
設 計 者／村野藤吾(村野・森建築事務所)+内藤多仲
階　　数／地上3階、地下1階
建物高さ／屋根23m、ドーム28m、鐘塔45m
敷地面積／6,450㎡(教会敷地のみ)
建築面積／1,230㎡
延床面積／2,361㎡
構　　造／鉄筋コンクリート造
用　　途／教会

## GLOSSARY

◆フーゴー・ラサール(1898-1990)／ドイツ生まれの神父で、昭和23年(1948)に日本に帰化。日本名は愛宮真備(えのみやまきび)。日本人を愛した神父は、座禅を信仰生活の中に取り入れた。◆村野藤吾(むらのとうご)(1891-1984)／丹下健三らとともに戦後の建築界を代表する建築家の一人。文化勲章の受章者。作品には「渡辺翁記念会館」(宇部市)、「日生劇場」(東京)など。◆三廊式バジリカ／ギリシャ・ローマ時代から中世にかけて発達した建築様式の一つ。身廊と左右の側廊があり、通例では東側に祭壇を置く教会堂形式。◆圓鍔勝三(えんつばかつぞう)(1905-2003)／広島県御調郡(現尾道市)出身の彫刻家。昭和63年(1988)、文化勲章受章。広島県名誉県民。

世界平和記念聖堂のパイプオルガンは、激しい空襲を受けたドイツ・ケルン市から贈られたもの

左／聖堂の内部はステンドグラスのもたらす効果によって、多彩で華やか、かつ荘厳な祈りの空間にふさわしい雰囲気を醸し出している。クリスマスイヴに行われる市民クリスマスミサには一般の人が多く訪れる
右／側廊部の窓に配されているステンドグラスは「ロザリオの祈り」に出てくる「喜びの神秘」「苦しみの神秘」「栄の神秘」を15の情景によって表現。ドイツ、ポルトガル、メキシコなど各国の聖母巡礼地から贈られたステンドグラスで構成

## SPOT

### みよしのの山陽もなか
和菓子の老舗みよしのの定番。香りのよい備中産小豆をザラメで炊いた餡が、サラリとした味わいで人気だ。店内にはイートイン席もあり、街の喧騒を忘れてくつろげる。住／広島市中区八丁堀8-3／TEL.082-221-3441

### アルファの焼きモンブラン
パリパリの生地でマロンケーキと和栗を包んだ「ザ・広島ブランド」認定品（330円）。プラスaの工夫を加えたスイーツを生みだす、洋菓子店アルファのロングセラー。住／広島市中区橋本町4-23-1F／TEL.082-511-3840

### ４３（キャラントトロワ）
目の前を河が流れる、心地よいカフェ。朝食からランチ、ディナーまで対応。たてもの散策に疲れたら名物パンガレット（650円〜）に舌鼓を打つもよし。住／広島市中区上幟町7-1ホテルフレックス1F／TEL.082-511-7370

Hiroshima TATEMONOGATARI File 08
Naka Incineration Plant

# 広島市環境局中工場
Photos/Kazuhiro Uchida

## 臨海部に建つ斬新なデザインの
## アート感覚で楽しめる清掃工場

平和記念公園から南に延びる吉島通りのラインに合わせて、ガラスの歩行者通路「エコリアム」が設けられている。建物を貫くエコリアムを歩くと、河口を望むテラスに出る

## DATA
住所／広島市中区南吉島1-5-1
問合せ先／TEL.082-249-8517
交通アクセス／JR広島駅から広島バスで吉島営業所行「南吉島」
バス停下車、徒歩5分
公開情報／見学可能（エコリアム9:00～16:30）※工場内部:要予約
撮影／OK（要申請）
HP／http://www.city.hiroshima.lg.jp/

吉島通りの突き当たりに建つ巨大な建物。全体を金属で覆われ、その姿は圧巻

上から眺めてみるとメタリック感満載

「エコリアム」の通路の向こうには市街地が

ごみ行政の情報がひと目で分かる資料も

SF映画に出てきそうな工場内部

## The Column to Deepen Your Insight
## ヒト・コト・モノ history

### 谷口吉生
Yoshio Taniguchi／1937〜

　東宮御所、帝国劇場などを設計した建築家、谷口吉郎の長男として、昭和12年（1937）に東京で誕生。慶応義塾大学の機械工学科を卒業後、ハーバード大学に留学して建築を学び、帰国後は丹下健三の事務所で海外の大規模な仕事を主に担当しました。独立後は、公共建築、取り分け、豊田市美術館、土門拳記念館、猪熊弦一郎現代美術館など美術館を数多く手掛け、「美術館の名手」と称されています。中でも、8年越しのプロジェクトとなった「ニューヨーク近代美術館」（MoMA）の増改築は、国際的に大きな話題を呼びました。

　平成17年（2005）に「高松宮殿下記念世界文化賞」を受賞しましたが、その際、「素材の質感を生かし、光のあふれる快適な空間を持つ、簡素でシャープな形態であるところ」が谷口の設計の共通項として上げられています。広島市環境局中工場でも、谷口は「清掃工場は都市に不可欠なのだから、清掃工場としてしっかりアピールした方がよい」という考えから、工場らしさと美術館的な雰囲気を見事に両立させています。マスコミからあまり取り上げられないため、一般的な知名度は高くありませんが、現代日本を代表する建築家として、世界から高い評価を得ています。

　瀬戸内海を臨み、後方には市街地が広がる海から見た都市の玄関口、中区吉島地区の埋立地に造られた清掃工場。個性的で魅力ある都市景観の創造を目指して、広島市が実施した"ひろしま2045：平和と創造のまち"事業の一環として建設され、環境に配慮した世界に通用する公共施設として、高い評価を得ています。

　設計は、「ニューヨーク近代美術館（MoMA）拡張計画」も手掛けた、モダニズム建築の旗手、谷口吉生（たにぐちよしお）。清掃工場が都市に必要な施設であることをアピールするため、過剰な装飾を避け、シンプルな外観によってあえて工場らしさを強調しています。

　工場内部にある、見学可能な2階のガラスの回廊「エコリアム」は、まるでSF映画に出てくる宇宙基地のような雰囲気。大回廊の左右に突き出すように併設されたギャラリーでは、施設情報や広島市のごみの行政についてなど、さまざまな情報を提供すると同時に、ガラス越しに稼働するごみ処理施設も見学できます。工場敷地の軸線は南北に走っており、北には平和記念公園、その向こうには文明の象徴である市街地、南は瀬戸内海の大自然を遠望できます。

　新型の焼却設備は有害物質や臭いを出すことなく、ごみ処理につきまとうネガティブなイメージを払拭。エコリアムの洗練された空間デザインで焼却設備類を美術品のように美しく見せ、さらにごみ処理場の見学ルートをアートに昇華させるなど、各地で美術館などを多く手掛ける設計者らしいアプローチともいえます。

　エコリアムの周囲には、樹木を植えてクリーンなイメージを出しているほか、アートディレクターの八木保が館内各所のサインやインフォメーションのデザインを担当するなど、細部まで丁寧な空間設計がなされています。建物の外には海に面した芝生広場が整備されており、市民に親しまれる自然豊かな水辺の憩いの場となっています。

## ARCHITECTURE

着　　工／平成11年（1999）7月
竣　　工／平成16年（2004）2月
設 計 者／谷口建築設計研究所（谷口 吉生）
階　　数／地上7階、地下1階
建物高さ／42.34m
敷地面積／約50,200㎡
建築面積／約13,900㎡
延床面積／約45,500㎡
構　　造／鉄骨・鉄筋コンクリート造、鉄骨造、鉄筋コンクリート造
用　　途／ごみ処理施設

## GLOSSARY

◆ニューヨーク近代美術館（MoMA）／昭和4年（1929）に開館した現代美術の殿堂。平成16年（2004）に谷口吉生の設計案により増築された。◆谷口吉生（1937〜）／現代日本を代表するモダニズム建築家。丹下健三に師事した後、谷口建築設計研究所を主宰。東京国立博物館法隆寺宝物館、豊田市美術館ほか、美術館や博物館を多く手掛けている。◆八木保（1949〜）／アートディレクター。広告、カタログ、パッケージ、プロダクト、サインなどを幅広く手掛ける。

Hiroshima TATEMONOGATARI File 09

Former Bank of Japan, Hiroshima Branch

# 旧日本銀行広島支店

Photos/Kazuhiro Uchida

## 昭和初期の広島に現れた古典主義的意匠の傑作 被爆による倒壊を免れ、今も当時の面影を伝える

2階回廊部分から1階を見下ろした風景。吹き抜けの空間に、天井のガラス窓から光が差し込む。現在はふさがれていて蛍光灯で光らせているが、窓の形は建設当時のまま

### DATA
住所／広島市中区袋町5-21
問合せ先／TEL.082-504-2500（広島市文化振興課）
交通アクセス／JR広島駅から広島電鉄「袋町」電停下車、徒歩約1分
公開情報／見学可能（10:00〜17:00）※イベントにより異なる
料金／無料
撮影／OK（要申請）
HP／なし

全体的に控えめな装飾で、古典主義的意匠に基づいたシンメトリーな外観

建築当初の銅製枠が残る天窓

強固な壁体で囲まれた地下金庫

重厚な錠戸により被爆時も大破を免れた

採光のため中庭に埋められたガラスブロック

## The Column to Deepen Your Insight
### ヒト・コト・モノ history

## 長野宇平治
Uheiji Nagano／1867〜1937

　新潟県旧高田市（現在の新潟県上越市）に生まれた長野宇平治。帝国大学工科大学造家学科（後の建築学科）を卒業し、明治30年（1897）に日本銀行技師に就任。全国各地の銀行建築、さらには台湾総督府庁舎の設計も担当し、持ち味である古典主義様式の作品を手掛けます。大正6年（1917）には、全国建築士会（後の日本建築家協会）を設立し、初代会長に就任するなど、日本の建築家をまとめる役割も担い、建築士法の制定にも尽力しました。

　その長野と広島を結んだのが、明治38年（1905）の日本銀行広島出張所です。師である辰野金吾の助手として図面を引き、その後も昭和元年（1925）に三井銀行広島支店（後に広島アンデルセン）、昭和11年（1936）には日本銀行広島支店を手掛けます。翌12年に亡くなることから、日本銀行広島支店は長野の最晩年の代表作だと言えるでしょう。この他にも、昭和初期には国の重要文化財の日本銀行本店の大規模な増築に際して設計・監督者として携わるなど、当時は全国を股に掛けて活躍する建築家であったことが分かります。

　重厚・厳粛・調和・均整を表現する意匠として近代における国家的公共建築の世界標準であった、古典主義の日本における第一人者の長野。その一方で、奈良県庁など東洋との融合を試みた作品も手掛けたポテンシャルの大きさには驚かされます。

　古典主義的意匠による銀行建築として、昭和初期の広島を代表する希少な歴史的建築物。爆心地からわずか380mで被爆しながらも、躯体が非常に堅牢であったため、建設当時の外観をそのまま残し、歴史主義建築が立ち並んでいた戦前の鯉城通りの面影を今に伝えています。日本銀行広島出張所が水主町（かこまち）（現在の中区加古町）に設置されたのは、明治38年（1905）のこと。その後、広島支店に昇格し、業務の拡大に伴い、昭和11年（1936）に現在地の中区袋町に新設・移転しました。設計を担当したのは、最初の広島支店をはじめ、各地の日本銀行の設計を手掛けてきた日本銀行臨時建築部の長野宇平治（ながのうへいじ）です。

　外観はバランス良く、清楚にデザインされています。ファサードには、イオニア式柱頭装飾の角柱や彫刻装飾、飾板、1階天井の蛇腹や中心飾りなどが施してあり、古典主義的意匠の特徴を見ることができます。内部は、1階から2階を貫く大きな吹き抜けの大広間には営業室が設けられ、鉄骨組みの大きなガラス屋根がトップライト（天窓）として架けられていました。吹き抜け空間には、核柱が立っていますが、創業当時は豪華な柱頭飾りが施されていました。支店長室には、床の寄木張りがそのまま残っており、歴史の面影を感じることができます。

　近距離で被爆しながらも、倒壊を免れたため、原爆投下から2日後の昭和20年（1945）8月8日には、早くも銀行の支払い業務を開始し、営業が不可能となった市内金融機関の仮営業所を設置するなど、金融面から広島の復興を支えました。その後、平成4年（1992）に広島支店は移転し、旧広島支店は銀行としての役目を終えましたが、平成5年（1993）に「旧日本銀行広島支店」として被爆建物台帳に登録。平成12年（2000）には広島市の重要有形文化財に指定され、現在は市民の芸術・文化活動発表の場として一般公開され、今も営業室や重厚な金庫室などを見学することができます。

## ARCHITECTURE

着　　　工／昭和9年（1934）
竣　　　工／昭和11年（1936）
設 計 者／日本銀行臨時建築部、長野宇平治
階　　　数／地上3階、地下1階
建物高さ／21m
敷地面積／1,554㎡
延床面積／3,214㎡
構　　　造／鉄筋鉄骨コンクリート造および鉄筋コンクリート造
用　　　途／資料館

## GLOSSARY

◆古典主義／古代ギリシャ・ローマの芸術作品を模範とし、理知・調和・形式美を追求する芸術思潮。美術、文学、音楽、建築など幅広い分野にわたって使われる用語。◆歴史主義建築／ヨーロッパのさまざまな建築様式を復古的に用いた建築を指す。◆長野宇平治（ながのうへいじ）（1867-1937）／銀行建築に多く関わった建築家。中国地方で見られるものに、カラコロ工房（旧日本銀行松江支店）、ルネスホール（旧日本銀行岡山支店）などがある。◆寄木張り（よせぎばり）／色や木目の異なる木片を組み合わせて張ること。または張ったもの。家具や建築物の内装に用いる工法で、日本では一般的に床仕上げに用いる場合を指すことが多い。◆辰野金吾（たつのきんご）（1854-1919）／近代建築の父と呼ばれる日本の建築家。コンドル（1877年に日本政府の招聘で来日し、日本人建築家を養成したイギリス人建築家）に学んだ。代表作に「日本銀行本店（東京）」、「東京駅（東京）」などがある。

Hiroshima TATEMONOGATARI File 10

Hiroshima City Museum of Contemporary Art

# 広島市現代美術館

Photos/Toshiyuki Nakao・Kazuhiro Uchida

## 現代美術をキーワードに、広島を見つめる 現代から未来へとつなぐ美術館

古代ヨーロッパの建物を彷彿とさせるアプローチプラザを取り囲むように柱廊が配置され、それを媒介する形で左右に展示室が広がる

### DATA
住所／広島市南区比治山公園1-1
問合せ先／TEL.082-264-1121
交通アクセス／JR広島駅から広島電鉄「比治山下」電停下車、徒歩10分
公開情報／見学可能※時間要確認
料金／入館料無料(展示室への入場は有料)
撮影／要申請(展示室は不可)
HP／http://www.hiroshima-moca.jp/

アプローチプラザの屋根は1カ所カットしてあるが、その方向は爆心地を指している

エントランスホールから、コレクション展示室へと続く回廊

江戸時代の蔵をイメージさせる切妻屋根

井上武吉による階段モニュメント

## The Column to Deepen Your Insight
## ヒト・コト・モノ history

### 広島と現代美術の出発点
Starting Point between Hiroshima and Contemporary Art

広島市現代美術館が位置する比治山公園は、明治36年(1903)に広島市が最初に開設した歴史ある公園です。爆心地から約2キロ東側に位置し、比治山のかげとなり山の東側は原爆による致命的な被害を免れたとされます。昭和55年(1980)、広島市文化懇話会による提言「広島の文化都市像を求めて」に基づいて、「比治山芸術公園基本計画」を策定。その一環として「戦後の美術を中心とした現代美術館」の建設が構想され、同61年(1986)に国内初の現代美術専門の公立美術館、広島市現代美術館の建設がスタートしました。

原爆の災禍から奇跡の復興を遂げた広島市は、国際平和文化都市・広島を体現する施設としてこの美術館を位置づけ、基本理念に「現代をみつめ、未来への展望をきりひらく美術館」「国際的視野をもった美術館」「新しい文化創造の核となる美術館」「都市の活性化につながる美術館」を掲げています。

ヒロシマを表現した現代美術の秀作を中心に、1600点以上もの作品を収蔵し、「ヒロシマ賞受賞記念展」の開催など、さまざまな先進的なプログラムにより広島から世界へと文化を発信し続けています。

多彩なジャンルの表現と作品形態を扱う現代美術に本格的に取り組む全国初の公立現代美術館として、約2年の工期の末、市制100周年、広島城築城400周年にあたる平成元年(1989)に開館。比治山公園全体を芸術公園とする計画の中から生まれ、設計は建築家・黒川紀章が担当。世界建築ビエンナーレグランプリ等を受賞しました。

建物の特徴としては、以下の三つが挙げられます。第一は、自然の景観との調和です。緑溢れる都心の憩いの場という比治山のイメージから、山の斜面の樹木を最大限に保存することを考え、建物の高さと周囲の樹木の調和に配慮。階層を地上だけでなく地下へ重ねて、建物の総床面積の60%以上を地下に埋めた低い建物にしています。これにより、建物は周りの樹木の中にすっぽりと隠れ、比治山の稜線を乱すことなく、自然と建物が共生する景観が作り出されています。

次は、建築素材です。建物の下から上へ行くにしたがって自然石、タイル、アルミ…と素材が徐々に人工的なものに変化。複数の素材を組み合わせることで、現代美術館としての先駆性を表現し、過去から未来への文明の発展や時間の流れも表現しています。

三つ目は文化の融合です。屋根は江戸時代の蔵をイメージさせ、建物中央部の広場(アプローチプラザ)は古代ヨーロッパを彷彿とさせるなど、さまざまな文化要素が融合されています。円柱で囲まれたアプローチプラザは美術館の正面玄関として人々を迎え入れ、左右には展示室が配置されています。また、アプローチプラザ正面に位置する広場(通称:ムーアの広場)には、ヘンリー・ムーアの巨大な彫刻作品「アーチ」が設置され、広島市街と爆心地方向を見つめています。

このように自然や眺望と融和したみごとな建築空間の中で、現代美術を通して広島を見つめ、現代から未来へとつなげる稀有な役割を果たす美術館。建築および展覧会ともに、広島だけでなく国内外のさまざまな人々から愛されています。

## ARCHITECTURE

着　　工／昭和61年(1986)
竣　　工／昭和63年(1988)
設　計　者／広島市都市整備局　黒川紀章建築都市設計事務所
階　　数／地上2階、地下2階
建物高さ／12,925m
敷地面積／約7,500㎡
建築面積／3,710㎡
延床面積／9,291㎡
構　　造／鉄筋コンクリート造(一部鉄骨鉄筋コンクリート造)
用　　途／美術館

## GLOSSARY

◆黒川紀章(くろかわきしょう)(1934-2007)／日本の建築家であり、思想家、政治活動家。丹下健三に学ぶ。昭和61年(1986)に建築界のノーベル賞と言われるフランス建築アカデミーのゴールドメダルを受賞。代表作に「中銀カプセルタワービル」、「国立民族学博物館」、「クアラルンプール新国際空港」など。◆切妻屋根(きりづまやね)／大棟から両側に流れを持つ屋根形式のこと。古代では寄棟屋根よりも格式が上とされ、神社本殿などに採用された。◆柱廊(ちゅうろう)／柱と屋根だけの壁のない吹き放し廊下のこと。◆ヘンリー・ムーア(1898-1986)／20世紀のイギリスを代表する芸術家・彫刻家。大理石やブロンズを使った大きな抽象彫刻で知られる。◆井上武吉(いのうえぶきち)(1930-1997)／奈良県出身の彫刻家。鉄や石を素材とした環境彫刻で知られる。昭和54年(1979)「溢れるNo.8」で第1回ヘンリー・ムーア大賞展優秀賞。彫刻の森美術館や池田20世紀美術館の建築設計も手掛けた。

Hiroshima TATEMONOGATARI File 11

Fudoin Temple
# 不動院
Photos/Toshiyuki Nakao

## 戦国の世、戦禍を免れた歴史の生証人
## 威風堂々とした、市内唯一の国宝

金堂の正面、一間通りが吹き抜けになっていることや、内陣の鏡天井（かがみてんじょう）が前後2つに分かれているなど、他の禅宗様の仏殿では見られない特徴も備えている

### DATA
住所／広島市東区牛田新町3-4-9
問合せ先／TEL.082-221-6923
交通アクセス／アストラムライン「不動院前」駅から徒歩3分
公開情報／見学可能（日の出から日の入りまで）※外観のみ
料金／無料
撮影／OK
HP／http://www.megaegg.ne.jp/~fudouin/

両脇の軒下に配した花頭窓は白くポイントを付け、建物の広がりを感じさせる

柿葺(こけらぶき)の屋根には禅宗様に共通する「反り」があり、隅が天に向かってツンと伸びている。軒下をのぞくと、禅宗様の特徴である扇垂木が放射状に広がっている

## The Column to Deepen Your Insight
## ヒト・コト・モノ history

### 恵瓊
#### Ekei〜1600年

　安国寺 恵瓊の出生については諸説いろいろありますが、一説には、天文10年(1541)、毛利元就の攻撃で安芸武田氏が滅亡し、武田の子弟であった恵瓊は脱出。太田川を渡った対岸の安芸武田氏ゆかりの寺である安国寺(不動院)に入ります。

　その後、雄弁な喋り方で賢い人物だった恵瓊の噂は広まり、京都東福寺の竺雲恵心(じくうんえしん)が安国寺を訪れた際に、彼を評価。京都に連れていったそうです。こうした中、恵瓊は竺雲恵心の意思を継いで毛利家との関係を深め、またたく間に毛利家を代表して他の諸大名たちと交渉する外交僧的な役割を担っていきました。

　元亀3年(1572)、正式に安芸安国寺の住持となった彼は、その後、豊臣秀吉から当時としては破格の寺領1万1500石を与えられ、この間、伽藍復興に努めて寺運は隆盛をきわめました。

　また、慶長4年(1599)には建仁寺の再興にも尽力したといわれています。

　広島デルタの北端部、太田川沿い牛田新町にある不動院は、安芸安国寺とも呼ばれる大寺院です。戦国時代の大永年間(1521〜1527)、武田氏と大内氏の戦いによって安国寺の伽藍は焼失します。しかし、毛利氏の使僧として戦国の世を生きた、優れた判断力と行動力を備えた恵瓊(えけい)が安国寺の住持を務めた元亀3年(1572)〜慶長5年(1600)の間に寺内の建造物のほとんどを建立、再建。その中でも、大きな転機となったのが、金堂の移築です。金堂は、大内義隆(おおうちよしたか)が周防山口の香積寺(こうしゃくじ)に建立した仏殿を解体し、瀬戸内海、太田川を使って元亀元年(1570)頃から天正18年(1590)の約20年の時をかけて、移築したといわれています。楼門の奥にある金堂の天井には、天女と龍の絵が描かれており「天文九庚子年(1540)……」と書き入れられていることから、金堂そのものはその頃に建立されたものと推察されます。また、現在国内に残っている中世禅宗様の仏殿としては最大規模で、海老虹梁(えびこうりょう)、大瓶束(たいへいづか)の彫刻や、軒下の組物など細部も巧みにできており、雄大な中にも繊細さをうかがわせる建物です。関ヶ原の戦いの後、恵瓊が西軍の首謀者の一人として処刑され、毛利氏も萩へ移封されると、無住となった安国寺には、新しい領主・福島正則(ふくしままさのり)の祈祷僧であった宥珍(ゆうちん)が入り、それまでの臨済宗から真言宗に改宗し、不動明王を安置しました。以来、院の名も不動院と呼ばれ現在に至ります。

　江戸時代は、浅野家の下でおおむね安定した時代が続きました。昭和20年(1945)、原爆が投下された際には、大きな被害を受けることなく、戦後間もない昭和21年(1946)にGHQの美術顧問官が戦禍を逃れた当寺を視察した際、建築物としての存在を評価。文部省(当時)により昭和25年(1950)から迅速に補修が行われたという記録も残っています。現在に受け継がれるその金堂は、中世有力禅宗寺院における仏殿の姿を今に伝えるものとして、広島市内の建造物で唯一国宝に指定されています。

恵瓊が補修したものと伝えられる「楼門」も重要文化財

永亨5年(1433)に建立され、内部には高麗鐘がある「鐘楼」。これも重要文化財

## ARCHITECTURE

着　　工／──

竣　　工／金堂:天文9年(1540)、楼門:文禄3年(1594)、
　　　　　鐘楼:永享5年(1433)

設 計 者／──

階　　数／──

建物高さ／──

敷地面積／──

建築面積／──

延床面積／──

構　　造／木造

用　　途／寺院

## GLOSSARY

◆安国寺(あんこくじ)／足利尊氏、直義の兄弟が慰霊のために建立して、国家安穏を祈願した寺。◆恵瓊(えけい)(〜1600)／安土桃山時代の臨済宗の僧。戦国時代には主に外交面で活躍。建仁寺、安国寺等を再興。◆金堂(こんどう)／本尊を安置する仏殿で伽藍配置の中心。本堂ともいう。◆海老虹梁(えびこうりょう)／虹梁とは社寺建築における梁の一種で、やや弓形に反ったもののこと。海老虹梁はその中でもエビのように湾曲したものをいう。鎌倉時代から唐様建築に多く用いられた。◆大瓶束(たいへいづか)／瓶子(へいし)に似た装飾的な束のこと。通常は虹梁の上に用いられ、下部に結綿(ゆいわた)という彫刻がある。◆GHQ／連合国軍最高司令官総司令部。昭和20年(1945)アメリカ政府が設置した対日占領政策の実施機関のこと。◆柿葺(こけらぶき)／日本に古来から伝わる伝統的な板葺きの一種で、柿(薄い板)を重ねて敷き詰めた屋根のことを指す。◆裳階(もこし)／仏堂・仏塔などで、屋根の下に取り付けた庇(ひさし)上の建造物。◆桟唐戸(さんからど)／縦横に框(かまち)を組み、その間に薄板や連子をはめた扉。

左／不動院はひっそりとした静寂の空間にあり、境内を進むと見えてくる金堂のどっしりとした堂々たる佇まいが一層際立つ。裳階（もこし）の軒下に配された太い柱が存在感を放っているが、実は建物全体をみると、虹梁による柱の省略箇所が多く、見方によっては主屋五間の四周に裳階を付けた堂とも考えられる

右／金堂のサイズは、現存する禅宗様の仏殿の中で国内最大級とされる。外観を見ると2階建てに見えるが、実際は平屋。下の屋根の様に見える裳階の下は正面が吹き抜けになっており、大陸からやってきた禅宗様の当初のスタイルをとどめているようだ。吹き抜けの先にある扉は桟唐戸

## SPOT

### 為楽庵
小さな看板と暖簾が目印の住宅街にひっそりと佇む蕎麦屋。蕎麦の風味が存分に感じられるざるそば756円や、さっぱりとした「ひやしたぬき」972円がおすすめ。住／広島市東区牛田中2-2-22／TEL.082-227-6798

### CAFE LUSTER
ハンドドリップと本格的なエスプレッソマシンで淹れるスペシャルティコーヒーと毎日店内で焼き上げるマフィンが楽しめるコーヒーショップ。コーヒー豆の販売もあり。住／広島市東区牛田早稲田1-6-8／TEL.082-224-1110

### patisserie LA NEIGE
国産の小麦粉を使ったなめらかなスポンジのシフォンケーキが有名。ほかにも、夏季限定でフルーツたっぷりのかき氷を用意。焼菓子も豊富に揃う。住／広島市東区牛田本町4-2-21／TEL.082-221-3940

Hiroshima TATEMONOGATARI File 12

MAZDA Zoom-Zoom Stadium Hiroshima

# MAZDA Zoom-Zoom スタジアム広島(広島市民球場)

Photos/Kazuhiro Uchida・Hidetoshi Nishida

## 球場を一周できるコンコースが特徴
## 人や環境にも優しいスタジアムを実現

本塁から投手板を経て二塁に向かう線を東北東向きとし、球場を北側へ大きく開く形態になっている。平行する新幹線の車窓から試合の様子が窺えるようになった

### DATA
住所／広島市南区南蟹屋2-3-1
問合せ先／TEL.082-568-2777
交通アクセス／JR広島駅から徒歩約10分
公開情報／見学可能※スタジアムツアーあり(要予約・有料)
詳細は広島東洋カープ公式サイト参照
撮影／OK
HP／http://www.carp.co.jp/index.html

カープの歴史や写真、歴代選手の手形がはめ込まれたモニュメントも

スタジアムまでは大型スロープ「広島市西蟹屋プロムナード」を設置。メイン通路として内野席と通じ、全長200mのスロープは上るにつれ、グラウンド全体が見えてくる構造

# The Column to Deepen Your Insight
## ヒト・コト・モノ history

## 旧広島市民球場
### Former Hiroshima Municipal Baseball Stadium

　起工からわずか5ヵ月の昭和32年(1957)7月に誕生した、旧広島市民球場。ファンの悲願でもあったナイター球場は、原爆の被害から復興の道を歩んできた広島市民に大きな勇気と希望を与えると同時に、復興のシンボル的存在にもなります。

　開場以来、広島東洋カープの本拠地としてかずかずの名選手を輩出すると同時に、感動と涙の名場面を演出。さらに高校、大学、社会人などのアマチュア野球人にとっては、憧れの舞台として夢を与え、広島市民のさまざまな活動の場として、旧広島市民球場は存在してきました。

　時は流れ平成に入り、旧広島市民球場に代わる新球場建設の機運が高まり、平成21年(2009)に新広島市民球場(マツダスタジアム)が誕生すると、旧広島市民球場はその役割を終えることとなります。平成20年(2008)の旧広島市民球場での広島東洋カープのラストゲームが発表されると、カープを、そして球場を愛する多くの人達が全国からその雄姿を目に焼き付けるために球場に訪れ、さまざまなメディアで取りあげられるなどひとつのブームを起こします。

　このように、愛され、親しまれ、その役割を終えた旧広島市民球場の記憶は、球場が無くなったこれからも、多くの広島市民の脳裏に残っていくことでしょう。

　旧広島市民球場は昭和32年(1957)の開設以来50年近くが経過し、施設の老朽化が進むとともに、座席が狭い、トイレが少ない、選手関連施設が狭いといった機能面での課題がありました。

　こうした状況の中、平成16年(2004)のプロ野球再編議論を契機に、新球場建設の機運が高まっていきました。そこで、旧広島市民球場が担ってきた高次スポーツ機能の維持・強化を図るという役割を継承し、広島の文化・社会的中枢機能の充実・強化に大きく寄与することを目的として、新球場が建設されました。平成17年(2005)に新球場建設の基本方針がまとめられ、平成19年(2007)11月より建設を開始。平成21年(2009)3月に完成しました。

　スタジアムは7階建て。合理的な配置計画に基づき設計され、見どころの多い造りです。

　1階は主に選手や関係者などが使用する施設で構成されており、ブルペンには壁を造らず、外気を直接取り込めるようにすることで、選手にグラウンドのコンディションに近い状態に慣れさせる工夫もなされています。

　同スタジアムの一番の特徴と言えるのは3階のコンコース。1周600m、幅は内野が12m、外野が8mでグラウンドを眺めながら1周することが出来、試合時にはたくさんの人々でにぎわうエリアです。

　シートの種類が多いのも同スタジアムの特徴。6階には2階席からグラウンド方向にせり出したスカイシートが設けられており、通常の席とは違う眺めが体験できます。

　それ以外にも、車いすスペースやオストメイト対応型多目的トイレ、授乳室の設置など障害者や高齢者、子ども連れといった誰もが利用しやすいようにユニバーサルデザインに配慮した施設になっていたり、プロ野球の本拠地球場としては国内で初めて大型太陽発電を設置し、560枚の太陽光発電パネルで年間約104,800kWh(推定発電量)を発電。カープがナイトゲームで使用するグラウンド照明(1試合平均3.3時間)に換算すると約32試合分になるなど、さまざまな設備を取り入れています。

ファウルグラウンドは狭く、観客は選手のプレーを身近に感じ取ることができる

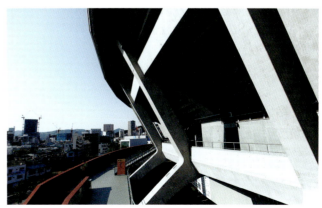

プレキャスト・プレストレスト・コンクリート造を採用したスタンド

## ARCHITECTURE

着　　工／平成19年(2007)11月
竣　　工／平成21年(2009)3月
設 計 者／広島市・(株)環境デザイン研究所
階　　数／地上7階、地下1階
建物高さ／30.65m
敷地面積／50,472.42㎡
建築面積／24,007.96㎡
延床面積／41,071.61㎡
構　　造／鉄筋コンクリート造、プレストレスト・コンクリート造、
　　　　　プレキャスト・プレストレスト・コンクリート造、鉄骨造
用　　途／野球場

## GLOSSARY

◆オストメイト対応型多目的トイレ／オストメイトとは、臓器に機能障害を負い、腹部に人工的に排泄のための孔を造設した人のこと。その人たちに対応可能な設備を完備したトイレのこと。◆ユニバーサルデザイン／年齢や障害の有無などに関わらず、全ての人にとって使いやすいように最初から考慮して作られた製品や環境のデザインのこと。◆アンツーカー／陶土などを高温で焼いた赤褐色の人工土。水はけが良いことが特徴。

グラウンドの開放感、吹き抜ける風、街との一体感を確保するために、北側のJR側へは大きく開く形態

左／平成27年(2015)シーズンオフに、平成21年(2009)のオープン以来、初めて内野と外野の天然芝の全面張り替えを行い、平成28年(2016)シーズン開幕と同時に緑眩しい芝生がお目見え。グラウンドの土も、これまでは黒土にアンツーカーを混ぜていたが、これを機にアンツーカーの割合を増やした。これによって、大リーグ球場に見た目も雰囲気が近づいた
下／JR広島駅及びその周辺の浸水対策として、グラウンド下部には、雨水貯留池もある。加えて施設内の一部には、再利用水貯留槽を設けて、屋根やグラウンドに降った雨水を集水、ろ過して、芝生の散水や便所の洗浄水としても利用するなど、エコ対策の面においても環境に優しいスタジアムになっている

## SPOT

### にしき堂 光町本店
老舗和菓子店。なかでも、もちもちの食感が特徴の「生もみじ」が有名。もみじ饅頭の製造工程が見学（要事前予約）できるのは、本店ならでは。焼きたてのもみじ饅頭は土産にぴったり。住／広島市東区光町1-13-23／TEL.082-262-3131

### くし井の天丼
ランチにワンコインで極上の天丼が食べられる天ぷら専門店。プリプリの「海老天」と珍しい「豆腐と黒胡麻のかき揚げ」が乗って500円。常連は揚げ卵を追加する人も。住／広島市東区光町2-8-8安田ビル１０３／TEL.082-261-7234

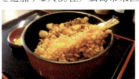

### 廣文館新幹線店
創業100年を迎えた広島の書店・廣文館。広島駅構内にある新幹線店は、カフェと併設され、小さな空き時間にゆっくり過ごせる空間となっている。住／広島市南区松原町1-2新幹線名店街2F／TEL.082-506-3288

Hiroshima TATEMONOGATARI File 13

Itsukushima Shrine
# 嚴島神社
Photos/Kazuhiro Uchida

## 平安の雅を今に伝える
## 海上に建つ究極の日本建築

入口から東回廊に入ってすぐの社殿が客（まろうど）神社。摂社の中で一番大きく、本社と同じく本殿・幣殿・拝殿・祓殿からなる。嚴島神社の祭典はここから執り行われる

### DATA
住所／廿日市市宮島町1-1
問合せ先／TEL.0829-44-2020
交通アクセス／JR宮島口駅からフェリー乗り場まで徒歩5分。
フェリーで約10分。宮島桟橋到着後、徒歩約15分
公開情報／見学可能（社殿拝観6:30～18:00）※季節により変更あり
料金／大人300円
撮影／OK（建物、景色の撮影のみ）
HP／http://www.itsukushimajinja.jp/

東回廊から、自然の重みで海に建つ朱塗りの大鳥居を望む

拝殿の下から見上げると棟が二つ見え、その上を一つの棟で覆っている。これを三棟(みつむね)造りといい、奈良時代にさかのぼる大変珍しい建築様式だ

## The Column to Deepen Your Insight
## ヒト・コト・モノ history

### 平 清盛
Taira-no-Kiyomori／1118〜1181

　平清盛と嚴島神社の関係は、平安時代後期の久安2年(1146)、安芸守に任ぜられたことに始まります。
　平氏は清盛の父忠盛の代から瀬戸内海に勢力を持ち、交易によって大きな利益をあげていました。清盛は、嚴島神社を篤く信仰するようになり、現在見られるような寝殿造りの華麗な海上社殿を造営しました。『平家物語』には、清盛の夢枕に現れた老僧から、「厳島の宮を造営すれば、必ずや位階を極めるであろう」というお告げを聞いたことがきっかけだと記されています。
　日宋貿易に力を入れていた清盛にとって、厳島は大陸の玄関・博多と清盛が開いた大輪田泊(現在の神戸港)のほぼ中間にあたる重要な位置にありました。嚴島神社を改修し、都からの航路を整備することは、日本と中国の貿易ルートを整備することにもつながっていたと考えられます。
　清盛が大改修を行うなど、平家一門は嚴島神社への信仰を深め、後白河法皇や高倉上皇も参拝したため、嚴島神社の権威は高まりました。長寛2年(1164)、清盛らが、平家一門の繁栄と極楽往生を願って嚴島神社に納めた、きらびやかな装飾がほどこされた経典「平家納経」は国宝に指定されています。

　厳島(宮島)の元の名は「いつきしま」。すなわち、神を斎き祀る(いつきまつる)島という意味であり、古来より信仰を集める島として知られています。その厳島に鎮座し、海上鎮護の神として崇敬されているのが嚴島神社で、広島が世界に誇る文化遺産といえるでしょう。
　嚴島神社は、推古天皇の時代に、佐伯鞍職(さえきくらもと)が創建したとされます。そして、平安時代後期の久安2年(1146)、安芸守に任官された平清盛が平家一門の守護神として尊崇し、回廊で結ばれた海上社殿として造営しました。
　嚴島神社の社殿は、平安時代の邸宅建築、寝殿造りの影響を強く受けたものとされます。敷地の中央に、本社本殿(ほんしゃほんでん)・拝殿(はいでん)・祓殿(はらいでん)など中心となる建物があり、その東西に附属的な建物を配して、それらを通路で結ぶ対称形の配置は寝殿造りを模しています。また、祓殿を正面からみると、中央の軒が左右に較べて一段高くなっているのも、寝殿造りの典型的な特徴とされます。現在の社殿は、鎌倉時代に再建された建物が中心ですが、清盛の構想を忠実に再現したものとされます。
　嚴島神社の境内は、弓状に広がる遠浅の御笠浜にあり、潮が満ちると社殿や回廊はあたかも海に浮かんでいるように見えます。この独創的な建築を守るため、さまざまな工夫がなされています。参拝入口から社殿を繋ぐ回廊は、東側と西側があり、それぞれ回廊の床板には、目透しという隙間を作って、高潮の時に下から押し上がってくる海水の圧力を弱めています。こうして主要な建物を海水から守っているのです。
　前は瀬戸内海、背後には古くから信仰の対象となってきた弥山(みせん)。この二つの空間を結んで、自然に神をみる日本古来の信仰を形にした、自然と調和する独創的な社殿が生まれました。伝統を維持するための先人たちの知恵、各時代での拡張・修復の跡など、多岐にわたる魅力が詰まった建物は、平成8年(1996)にユネスコ世界文化遺産に登録されています。

日本で唯一海中に建てられている能舞台。切妻造りで、笛柱が独立している

拝殿と本殿の間数は左右で異なり、向かって左側が1間分広くなっている

## ARCHITECTURE

着　　工／──
竣　　工／鎌倉時代～明治時代
設 計 者／──
階　　数／地上1階
建物高さ／──
敷地面積／──
建築面積／──
延床面積／──
構　　造／──
用　　途／神社

## GLOSSARY

◆佐伯鞍職（生没年不明）／大和時代の安芸国の豪族。神託により神社を創建して初代神主となった。◆寝殿造り／平安時代の貴族住宅の様式。中央に南面した寝殿を建て、東西北の三方にそれぞれ対屋を置き、それらを渡殿（わたどの）と呼ぶ廊下で結んだ。◆弥山／標高535m。空海が開山したと伝えられ、古くから信仰の対象とされてきた。山頂付近に厳島神社の奥宮、御山（みやま）神社がある。◆三棟造り／2つの棟を、さらに大きな一つの棟で覆う建築様式。◆切妻造り／屋根を棟から両側へ葺きおろし、その両端を棟と直角に切ったもの。正面と後方に庇を延ばすと切妻両流造り。◆笛柱／能舞台の笛座の脇の柱で、舞台に向かって右手奥にある。◆高欄／建物の縁にある手すり。◆蟇股／左右別の木材を頂点で組み合わせた山型の部材。

祓殿の梁には、蟇股(かえるまた)と呼ばれ、平安時代の様式を伝える珍しい山型の部材が使われている

左／本社拝殿の前から続く、海上に敷かれた板敷きの部分が平舞台で、その上にある黒塗漆の基壇に朱塗りの高欄のある舞台を高舞台と呼ぶ。四天王寺の石舞台、住吉大社の石舞台と並んで、「日本三舞台」に数えられ、舞楽が舞われる
下／本社本殿と客社本殿は独特な曲線美が印象的な檜皮葺きの屋根で、正面と後方に庇(ひさし)を延ばした切妻両流造り

---

# SPOT

### うえののあなごめし
宮島口の老舗「うえの」の名物。明治34年（1901）以来、伝統を守り受け継いできたタレ、秘伝の手法で焼くアナゴ、少量ずつ炊き上げたごはんが絶妙に絡む逸品。宮島へ渡るなら食べておきたい。住／廿日市市宮島口1-5-11　TEL.0829-56-0006

### 伊都岐珈琲
嚴島神社裏の参道にあるコーヒースタンド。ガラス張りでオープンな雰囲気の店内は、外国人観光客の姿も多い。参拝も終わり、歩き疲れたらカフェラッテ(450円)で一服。ドリンクはテークアウト可能。住／廿日市市宮島町４２０／TEL.非公開

### 宮島張子
日本に伝わる伝統技法をベースに、昭和50年頃から作られるようになった民芸品。石膏型の内側に和紙などを貼りつけて成型するため、シルエットが美しいのが特徴。ころんとしたフォルムと鮮やかな色使いは、ひとつひとつが小さな宝物だ。

Hiroshima TATEMONOGATARI File 14
MSDF First Service School Auditorium and Officer Candidate School

# 海上自衛隊第1術科学校・幹部候補生学校

Photos/Kazuhiro Uchida

## 明治以降の近代化遺産の宝庫
## 海を守る男たちの精神を伝える

兵学校の時代から重要な式典に使われている「大講堂」。古典主義様式の建物で、東側の正面玄関は国会議事堂と同じく瀬戸内海産の御影石を使用している

### DATA
住所／江田島市江田島町国有無番地
問合せ先／TEL.0823-42-1211
交通アクセス／江田島「小用」港からバス5分。「第1術科学校前」下車、徒歩1分
公開情報／見学可能
金額／無料
撮影／OK（教育参考館は不可）
HP／―――

兵学校時代は天皇の名代として皇族の臨席を得ていた正面舞台

内部はドーム状の吹き抜けとなっており、約2000人の収容能力がある。天井から吊られたシャンデリアは舵を操る輪型の把手をかたどっている

## The Column to Deepen Your Insight
# ヒト・コト・モノ history

## 「海軍兵学校の歩み」
### History of the Imperial Japanese Naval Academy

　明治2年(1869)に東京築地の広島藩下屋敷跡地に創設された「海軍操練所」が、海軍兵学校のルーツとなります。その後、「海軍兵学寮」「海軍兵学校」と名称を変え、明治21年(1888)に江田島に移転しました。築地周辺が繁華になり、教育上好ましくなくなってきたことから、世俗的な刺激の少なく、呉軍港に近い瀬戸内海の島を選んだのです。生徒館の建設が開校に間に合わず、数年間、生徒たちは係留された汽船「東京丸」で暮らしていました。日露戦争で活躍した秋山真之や広瀬武夫、岡田啓介首相などが、築地と江田島の双方で学んでいます。日露戦争では卒業予定の生徒が1カ月繰り上げで艦船に配属され、戦いましたが、その中には後の海軍元帥、山本五十六もいました。

　軍事関係だけでなく、英語教育や教養教育にも力を入れ、イギリスの王立海軍兵学校(ダートマス)、アメリカの合衆国海軍兵学校(アナポリス)と並び「世界三大兵学校」と称されました。1万1187名(うち戦公死者4012名)の卒業生を送り出し、昭和20年(1945)10月、敗戦によりその歴史を閉じました。戦後は米軍・英連邦軍の統治下に置かれ、昭和31年(1956)に日本に返還されると、「海上自衛隊術科学校」と「幹部候補生学校」が開設されました。

　帝国海軍の士官育成機関、海軍兵学校は、明治21年(1888)に東京・築地から江田島に移転しました。その頃から昭和初期にかけて建てられた貴重な近代建築遺産が、今も海上自衛隊の教育施設として現役で使用されており、一般の方も見学が可能です。

　中でも最も象徴的な建物は、明治26年(1893)に竣工した"赤レンガ"と通称される旧兵学校の生徒館(現・幹部候補生学校庁舎)です。築地時代の生徒館も手掛けたイギリス人建築家ジョン・ダイアックの設計で、れんがの積み方は横置きと縦置きを交互に積み上げる「イギリス積」。柱やアーチ、窓枠などには御影石が使われており、赤れんがと白い御影石のコントラストが落ち着いた雰囲気を醸し出しています。屋根は建築当初、日本瓦葺でしたが、明治38年(1905)の芸予地震後にスレート葺に改められています。裏側に回ると、アーチが連続する美しい回廊に目を奪われます。2階に設けられた唐草模様の白い手すりなど、細部へのこだわりが感じられ、玄関の床板には除籍された軍艦「金剛」の甲板のマホガニー材が使用されています。

　その隣には、"白亜の殿堂"と呼ぶにふさわしい建築美の「大講堂」が威風堂々と建っています。山口県徳山(現・周南市)産の御影石で彩られた外観は、重厚感あふれる造りで、大正6年(1917)の建造。大屋根は天然スレート葺きで、棟飾りは御影石の大型のものが使われており、芸術的な彫刻が施されています。巨大なイオニア式石柱や湾曲しながら広がる車寄せのスロープなど見どころが多く、職人の技術の高さが伺えます。内部はドーム型の吹き抜け空間で約2000人を収容でき、2階には観覧ができるギャラリーも整備されています。

　これらの建物で注目したいのは、ほとんどが海側を向いて建てられていること。これは、学校にとって本来の正面玄関は海側だったことを意味しており、現在も、卒業式を終えた幹部候補生たちは、桟橋から遠洋練習航海に出発するのが習わしとなっています。

内部の音響効果が非常によく、マイクは必要ないという

石、木部、鋳鉄柱、左官仕上げなどの精緻な加工技術が見所

## ARCHITECTURE

着　工／不明
竣　工／明治26年(1893)※旧海軍兵学校生徒館
設計者／ジョン・ダイアック
階　数／地上2階
建物高さ／不明
敷地面積／不明
建築面積／不明
延床面積／不明
構　造／れんが イギリス積
用　途／幹部候補生学校※旧海軍兵学校生徒館

## GLOSSARY

◆士官／軍の教育機関で正規の教育を受けた軍人。海軍兵学校では、戦闘要員を主体とする兵科士官(将校)を養成した。◆御影石／花崗岩質の石材。庭石や石造物に多く用いられる。瀬戸内地方で取られるものが質が良いとされる。◆ジョン・ダイアック(1828～1900)／イギリス人建築家。明治初期に政府に招かれて来日し、鉄道の建設や建物の設計に従事した。◆スレート葺き／石綿スレートや粘板岩を用いた天然スレートで屋根を葺くこと。◆唐草模様／つる草が絡み合う様子を図案化した模様。古代ギリシャが原型とされる。◆白亜の殿堂／白く重厚感のある建物。◆イオニア式石柱／古代ギリシャの建築様式で、列柱の頭部に渦巻装飾を持つことが特徴。◆古典主義／古代ギリシャ・ローマの芸術作品を模範とし、理知・調和・形式美を追求する芸術思潮。◆鋳鉄／鋳物に使われる高炭素の鉄。機械加工に適している。

アーチは木製で、塗装により石造に見せている

階段の手すりは錨・桜などの繊細な装飾で彩られている

左／現在は幹部候補生学校となっている「旧海軍兵学校東生徒館」。れんがの赤と御影石の白のコントラストが美しく、"赤レンガ"と通称される。正面玄関や廊下の出入口にはドアを設けず、建物全体を艦船に見立て、雨風が吹き込んでも常に対処できるようにしている。平成16年（2004）に大講堂とともに大修理が完了し、創建当時の美しさを取り戻した
右／北側の中庭に面した120mに及ぶ連続アーチの回廊。修道院をほうふつとさせるが、厳格さはなく、明るく端正な雰囲気を醸し出している。2階部分の手すりにはレースのような飾りがある。春に咲き誇る中庭の桜は、軍歌「同期の桜」のモデルとされる

## SPOT

### 海軍兵学校のカレースプーン

旧海軍の伝統により、海上自衛隊で金曜ごとに食されるカレーライスは、海軍カレーとして知られる。第1術科学校で買えるカレースプーン（600円）は江田島土産にピッタリ。住／江田島市江田島町国有無番地／TEL.0823-42-6049

### くらやの長〜い大判焼き

地元の銘菓・長〜い大判焼き（100円）は、スティック状の形が珍しい二重焼き。あずき、クリームのほか、カレーの具が入ったカレー焼が人気。マイルドな味で、食べ歩きにもってこいだ。住／呉市広本町2-1-5／TEL.082-371-0920

### 手打ちうどん 峰

呉名物の細うどんとはまた一線を画す、こだわりのうどんをいただける店。コシのある自家製麺を圧力鍋で加熱して提供する。肉うどん定食（1100円）はおむすびとおでん一品がついてお得。住／呉市広末広1-4／TEL.0823-73-0268

Hiroshima TATEMONOGATARI File 15

Former Official Residence of Commander in Chief, Kure Naval District

# 旧呉鎮守府司令長官官舎

Photos/Toshiyuki Nakao

## 海軍の街として発展した呉を象徴する名建築
## 鮮やかに再現された金唐紙の装飾も見もの

木造平屋建て、東側の洋館部と西側の和館部からなる。洋館部の屋根は、宮城県雄勝産の天然スレートを魚の鱗のように葺く魚鱗葺きを採用しているのが特徴

### DATA
住所／呉市幸町4-6
問合せ先／TEL.0823-21-1037
交通アクセス／JR呉駅から徒歩13分
公開情報／見学可能(9:00～17:00)
料金／観覧料250円(高校生150円、小・中学生100円)
撮影／OK
HP／http://irifuneyama.com/

海外からの賓客も想定した食堂。当時軍艦で振る舞われた食事サンプルも展示

西側の和館部は長官の私的な空間で、落ち着いた佇まいを見せている

金唐紙を豊富に使った洋館の応接室

洋館の外観は英国の邸宅建築を思わせる

## The Column to Deepen Your Insight
## ヒト・コト・モノ history

### 櫻井小太郎
Kotaro Sakurai ／1870～1953

呉鎮守府司令長官官舎を手掛けた櫻井小太郎は、金沢藩出身の官僚の長男として明治3年(1870)に東京で誕生。17歳の時に建築家を志し、父の親友、辰野金吾のアドバイスにより東京帝国大学工科大学造家学科の聴講生となり、辰野の恩師、ジョサイア・コンドルのもとで建築の基礎を学びます。明治21年(1888)、櫻井は渡英する辰野に同行して、翌22年ロンドン大学ユニバーシティ・カレッジに入学。美術的建築学科を第一等、学術的建築学科を第二等という優秀な成績で卒業。卒業後は、ロジャー・スミス建築事務所で実務を積み、若干21歳で英国王室建築家協会の資格試験に合格し、日本人として初めて英国公認建築家となりました。ヨーロッパ各地を回って、明治26年(1893)に帰国しました。

帰国後は、ジョサイア・コンドル建築事務所を経て、明治29年(1896)に海軍技師に採用され、呉鎮守府に赴任。明治36年(1903)11月に、呉海軍経理部建築科長に就任し、同38年(1905)に呉鎮守府司令長官官舎を、同40年(1907)には呉鎮守府庁舎(現・海上自衛隊呉地方総監部第一庁舎)を設計。軍港内にある学校や病院、工場など、呉地区の建築設計に携わりました。その後櫻井は、丸の内のオフィス街や、横浜正金銀行神戸支店(現・神戸市立博物館、国登録有形文化財)などを手掛け、近代的施工方法の導入により、わが国の建築技術の発展にも貢献しました。

明治19年(1886)、第2海軍区鎮守府を呉港に置くことが決まり、同22年(1889)に開庁。翌明治23年(1890)、入船山の山頂に洋風木造総2階建て寄棟日本瓦葺の軍政会議所兼水交社が建てられ、同25年(1892)から司令長官官舎として利用され始めます。しかし、同38年(1905)の芸予地震で建物が倒壊、同年に廃材の一部を利用して現在の建物に建て替えられました。終戦後は連合軍に接収されましたが、大きな改変を受けずに保存され、昭和42年(1967)から「入船山記念館」として一般公開されています。その後、平成に入って竣工当時の資料を基に調査、解体、修復され、国の重要文化財に指定されました。

再建された官舎の設計は、櫻井小太郎が担当。櫻井は弱冠21歳で日本人初の英国公認建築家資格を取得し、帰国後は海軍技師を勤めていました。

建物は、木造平屋建ての洋館部と和館部からなります。長官の公務と接待の場所である洋館部は、柱や梁など木造の骨組みの間をれんがや漆喰で埋め、木材を外部に見せる英国式のハーフティンバー様式を採用。和館部は、長官とその家族の私的空間として使用されていました。表座敷と裏座敷、離れ座敷があり、建物を一周する縁側が設けられています。

建物の装飾で注目すべき点が、洋館部の壁や天井の壁紙に日本国内でも数カ所にしか現存していない「金唐紙」(きんからかみ)が使われたことです。金唐紙は、16世紀にヨーロッパで発明された「金唐革」を模し、明治時代に和紙を加工して作られた高級壁紙。ヨーロッパでも売り出されて人気を集めますが、明治時代末期には廃れ始め、その製法は失われていました。それが、平成の解体調査の折に断片が発見され、復元することができたのです。洋館部の広間、玄関・廊下の腰壁に輝く金色の「フラワーロード」、応接室の壁の「花と流水文様」、客室の壁の「草花と昆虫」、食堂の壁の「入船の森」と天井の「花幾何文様」の5種類が再現されており、一見の価値があります。

## ARCHITECTURE

着　　工／明治38年(1905)
竣　　工／明治38年(1905)
設 計 者／櫻井小太郎
階　　数／地上1階
建物高さ／洋館部9.17m、和館部6.87m
敷地面積／約10,834㎡(入船山記念館全体)
建築面積／549.0㎡
延床面積／527.4㎡
構　　造／木造　洋館部 天然スレート葺
　　　　　和館部 日本瓦葺
用　　途／資料館

## GLOSSARY

◆鎮守府／日本海軍が国内に置いた根拠地◆水交社／海軍士官の親睦団体及び施設。◆櫻井小太郎(さくらいこたろう)(1870-1953)／海軍技師、三菱合資会社地所部技師長を勤めた後、独立。海軍関連施設や銀行の設計、丸の内オフィス街建設などに携わる。◆ハーフティンバー様式／15～17世紀にかけてイギリスの住宅に多用された木造建築の技法で、真壁骨造ともいう。◆金唐紙／金箔を貼った和紙を湿らせ、版木にあてて模様を付け彩色。漆などで光沢を出す技法。金唐革紙ともいう。◆金唐革／型押しで模様が施された装飾革で、ヨーロッパの宮殿や寺院などの壁面や天井に使われた。◆辰野金吾(たつのきんご)(1854-1919)／明治・大正の建築界に指導的役割を果たした建築家。日本銀行本店、東京駅などを手掛ける。◆ジョサイア・コンドル(1852-1920)／イギリス人建築家。鹿鳴館など、明治新政府の建造物を数多く手掛ける。創成期の日本人建築家を育成し、日本建築界の基礎を築いた。

Hiroshima TATEMONOGATARI File 16

Otomeza
# 乙女座
Photos/Kazuhiro Uchida

## 風待ち・潮待ちの港として栄えた昭和初期の賑わいの中心施設

畳敷きの客席で、小さいながらも舞台に繋がる花道も確保されている。2階席の手すりは、後ろの人も見やすい様に低めに設置されている

### DATA
住所／呉市豊町御手洗
問合せ先／TEL.0823-67-2278（呉市豊町観光協会）
交通アクセス／JR呉駅前または広駅前バス停から「とびしまライナー（豊・豊浜方面行き）」乗車、「御手洗港」バス停下車、徒歩約1分
公開情報／見学可能（9:00～17:00）※火曜休（祝日の場合は翌日休館）
料金／200円
撮影／OK
HP／http://www.city.kure.lg.jp/

木を格子状に組んだ格天井など、昭和初期の典型的な芝居小屋建築が見れる

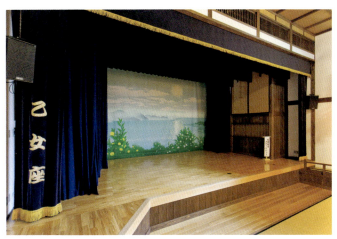
舞台の下には奈落が設置されるなど、さまざまな演出ができる仕組みが盛り込まれている

木造だが洋館風の石造りのような仕上げ

今にも当時の賑わいが聞こえてきそうだ

# The Column to Deepen Your Insight
## ヒト・コト・モノ history

### 地域住民の関わり
Support from Local Residents

御手洗地区には「乙女座」以外にも、江戸時代から明治、大正、昭和初期に建てられた歴史的建造物が数多く残り、平成6年（1994）には国の「重要伝統的建造物群保存地区」（重伝建）の選定を受けました。選定にあたって行政から説明が行われた際、住民からも町並み保存について多数の意見が出、それをキッカケに「重伝建を考える会」が結成されます。42名の住民により結成された会は、定期的に町内清掃を行い、育てた花を家々の壁に生けるなど、町を訪れた人たちに気持ち良く散策してもらうための行動を始めます。また、御手洗歴史勉強会、フォトコンテストやコンサートの開催、PR誌「みたらい通志」の発行など、文化的活動にも取り組み、平成11年（1999）には自治省の「地域づくり団体賞」を受賞しました。

こうした取り組みに加え、平成20年（2008）に豊島大橋が開通し本土と陸続きになったこともあり、団体客や家族連れなど、たくさんの人が来島するようになりました。さらに、平成22年（2010）から地元大学生との交流もスタート。世代を超えた人たちが、歴史的資産の活用に取り組んでいます。結成20周年の平成26年（2014）には、大がかりなイベント「みたらい万華鏡」も成功させました。

大崎下島の東にある御手洗地区は、江戸時代、北前船や参勤交代の船団が、風待ち・潮待ちのために寄港する港町でした。船乗りたちが羽根を休める歓楽街として賑わい、遊郭や船宿などが立ち並ぶ華やかな場所だったのです。その隆盛は昭和初期まで続き、今も数多くの歴史的建造物が現存していることから、「町並み保存地区」（重要伝統的建造物群保存地区）に選定されています。

中でも乙女座は、昭和12年（1937）に建てられたモダンな劇場です。昭和初期の建築技術の粋を尽くした洗練されたデザインで、淡い桃色の外壁は、当時、ひと際人目を引くものでした。内部には、花道や舞台下のスペース、奈落（ならく）が設置されています。また、客席は後ろからも見えやすいよう、舞台に向かって緩やかに傾斜し、2階部分には桟敷席が設けられているのも特徴です。

乙女座が建築された昭和初期は、主に地域住民を中心とした娯楽の場として賑わい、頻繁に芝居や演芸会などが催されていました。最盛期には、アコーディオンやバイオリン、ギターなどを演奏する「南の星」という地元楽団も誕生し人気を博しました。娯楽の場にとどまらず、地元小学生の学芸会も行われるなど、地域住民にとって欠かせないコミュニティスペースでもありました。

戦後は、映画館として利用されていましたが、昭和30年代後半に惜しまれながら閉館。その後は、大長みかんの選果場として利用されていましたが、住民の強い要請で、平成14年（2002）に復元されました。高灯籠が描かれた見事な緞帳（どんちょう）もこの地域を象徴する作品です。現在は、再び劇場として使われており、落語会が催されるなど、往年の賑わいを取り戻しつつあります。ノスタルジックな外観は、「男はつらいよ 浪花の恋の寅次郎」、「旅の贈りもの」など、映画のロケにも使われています。

また、乙女座と同じ通りには、江戸時代後期創業の現存する日本最古の時計店「新光時計店」が今も営業しており、江戸時代から現在までの歴史と風俗の変遷を肌で感じることができます。

## ARCHITECTURE

着　　工／不明
竣　　工／昭和12年（1937）
設 計 者／不明
階　　数／地上2階
建物高さ／9.68m
敷地面積／460.09㎡
建築面積／326.14㎡
延床面積／317.22㎡
構　　造／木造
用　　途／資料館

## GLOSSARY

◆北前船／江戸時代から明治時代にかけて活躍した港から港へ荷を運ぶ船。東北や北陸、後には北海道から日本海を通って瀬戸内海に入り、大阪まで各地の特産品を運んだ。◆重要伝統的建造物群保存地区／日本の市町村が条例などにより決定した伝統的建造物群保存地区のうち、特に価値が高いものとして国が選定したもの。略称は重伝建。広島県では、他に竹原地区が選定されている。◆奈落／劇場の舞台や花道の床下にある地下スペース。回り舞台やせり出しの装置などが置かれており、通路にもなる。

Hiroshima TATEMONOGATARI File 17

Kamotsuru Sake Brewing Company
# 賀茂鶴酒造
Photos/Kazuhiro Uchida

## 江戸情緒を残す酒蔵通りに溶け込んだ 和・洋建築のコラボレーション

洋館にしては珍しく、非対称のデザインになっているのが特徴。内部は、漆喰壁、漆喰塗りの天井、鏡板張り、その他一部に補修も施されているが、大半が原型を残している

### DATA
住所／東広島市西条本町4-31
問合せ先／TEL.082-422-2121
交通アクセス／JR西条駅から徒歩5分
公開情報／見学可能※見学室のみ
料金／無料
撮影／OK
HP／http://www.kamotsuru.jp/

2階建ての醸造蔵の内部。醸造蔵は3つあり、その内2つが現在も稼働している

酒都西条でも最大級の規模を誇り、明治から昭和に建てられたたくさんの蔵が立ち並ぶ

ナマコ壁を潜り抜けるように狭い路地が続く

奥には白米置場と酒粕置場が続く

## The Column to Deepen Your Insight
## ヒト・コト・モノ history

### 酒蔵と西洋建築を建てた想い
Passion for Constructing Traditional Brewery and Western-style Building

現在も7社の蔵元が醸造を続ける東広島市JR西条駅周辺の酒蔵通りは、経済産業省の「近代化産業遺産群 続33」に認定され、赤れんがの煙突、赤瓦の屋根、白壁からなる独特の景観を楽しめます。注目すべきは、日本情緒あふれる酒蔵が立ち並ぶ中、西洋建築の関連施設も多数存在する点です。賀茂鶴酒造本社事務所、賀茂泉酒造・酒泉館、亀齢酒蔵洋館部が代表的な例ですが、その多くが昭和初期に同じ建築家により設計されています。

折しも大正、昭和初期は、広島でれんが造り、コンクリート造りの大型建築物が建ち始め、日本を代表する建築家がこぞって活動していた時代と重なります。こうした時代の雰囲気を反映し、西条の酒蔵でも西洋建築が建てられるようになったと思われますが、そのキーパーソンが呉市出身の建築家・豊田勉之(とよたべんじ)です。

東京で建築学を学んだ豊田は、帰郷後に呉市で初めての建築事務所を設立。呉銀行本店、呉商工会議所、広島銀行銀山町支店などを手掛けました。叔父が賀茂鶴酒造の初代社長を務めていた関係で、賀茂鶴酒造本社や醸造支場(現在の酒泉館)などの設計に関わったとされます。伝統的な設計様式に工夫を凝らすのが、豊田の意匠の特徴。地元を代表する建物を任された豊田が、あえて和と洋の融合に挑戦したのが、これらの西洋建築なのかもしれません。

東広島市の中心部を貫く旧西国街道から細い路地を抜けると、目の前に続く酒蔵の白壁…。純和風の建物が立ち並ぶ町並みの中で異彩を放っているのが、昭和2年(1927)に竣工した木造2階建て、経済産業省「近代化産業遺産群 続33」にも選ばれている洋風瓦葺きの賀茂鶴酒造の事務所棟です。事務所棟の右隣には、木造平屋建て瓦葺きの研究室棟。その奥には、明治から昭和にかけて建てられた酒蔵。事務所棟の正面向かって左手には、昭和44年(1969)に広島県から譲り受け、昭和61年(1986)に復元された御茶屋本陣跡と、和洋の建物が並びます。

では、建物を一つずつ見ていきましょう。核となる事務所棟の外観は、イギリス下見による下見板張り、上げ下げ窓のしゃれた白の洋館造り。隅角部(ぐうかくぶ)に建つ一対の付け柱がアクセントとなっており、下部の土台、1、2階を明瞭に区分する軒の線や、各階とも横いっぱいに一線に通した窓台、屋根の軒の線に至るまで、横の文節性を上手く使った意匠です。旧玄関だったと推察される敷地内側に面した、東面の平側の上部の切妻の破風(はふ)は、装飾的な持ち送りになっていますが、その中心は建物の東面中央からやや北に寄っています。また隣接する研究室棟は、寄せ棟造り、瓦葺き、平屋建ての建物。外観は、窓の格子割りや下見板張りで、事務所棟と共通するデザインですが、窓枠や全体の意匠の組立てはやや異なった点もあり、内部は漆喰塗りの真壁造りになっています。さらに、白壁の和風建築が美しい醸造蔵は、明治30年(1897)建造の木造2階建ての2号醸造蔵と昭和14年(1939)建造の8号醸造蔵の2蔵が稼動しており、大正8年(1919)年建造の4号醸造蔵(休止中)を含め、外観のみ見学できます。酒蔵の象徴とも言える赤れんが積みの煙突は2本あり、周辺の酒蔵と共に酒都西条らしい風情ある景観をつくっています。

## ARCHITECTURE

着　　工／不明
竣　　工／昭和2年(1927)
設 計 者／豊田勉之(事務所棟)
階　　数／地上2階
建物高さ／12m
敷地面積／不明
建築面積／不明
延床面積／300㎡
構　　造／木造
用　　途／事務所

## GLOSSARY

◆西国街道／江戸時代、京都から下関を結んでいた重要な幹線道路の名称。山陽道とも呼ぶ。現在の国道2号線の基になった。◆近代化産業遺産群 続33／経済産業省が認定した文化遺産の分類。平成19年(2007)に33ストーリーの「近代化産業遺産群」として575件の認定遺産が公表され、同21年(2009)に新たに540件が認定された。◆御茶屋本陣跡／江戸時代、御茶屋と呼ばれた広島藩の本陣(参勤交代のため街道を通る大名が宿泊する施設)が置かれた跡。現存している門は、当時の表御門を復元したもの。◆下見板張り／下見板とは壁の横板張りで、板同士が少しずつ重なり合うように取り付けたもの。下見板を用いた板壁、及び張り方をいう。◆隅角部／壁面が折れ曲がっている部分のこと。◆切妻の破風／屋根の頂部から両側に葺き下ろした形式の屋根、切妻屋根に取り付けた破風(屋根の棟木や軒桁の先端に打ち付けた板)。◆漆喰壁／消石炭・砂・海藻のり・すさを混合して水で練った、日本特有の塗り壁材である漆喰を塗った壁。◆鏡板張り／一枚板を張った工法。◆真壁造り／柱が壁の表面に見える造りのこと。

Hiroshima TATEMONOGATARI File 18

Kaiyusha (Former Club Houses of Blue-Jackets, ETAJIMA)

# 海友舎（旧江田島海軍下士卒集会所）
Photos/Toshiyuki Nakao

## 海軍さんが余暇を過ごした木造洋館
## 島の外と内をつなぐにぎわいの場に

門をくぐると、真っ白な外壁が眩しい木造洋館が目に飛び込んでくる。玄関ポーチの真上にせり出したベランダからは、海上自衛隊第1術科学校の敷地が見渡せる

### DATA
住所／江田島市江田島町中央2-7-10
問合せ先／E-mail.kaiyousya@gmail.com　TEL.0823-36-5220
※施設内の固定電話はつながりにくいため、メールでの問合せをお願いします。
交通アクセス／小用港から大柿方面行バスで「術科学校前」下車、徒歩約3分
公開情報／見学可能（要予約）
料金／無料
撮影／OK
HP／http://www.kaiyousya.com/

下見板張りにペンキを塗って仕上げた外壁と、上げ下げ式窓の外観がレトロ

元階段室の部屋。窓枠がピンク色に塗装されており、子ども室として使われていた跡が

建物の象徴ともいえるベランダと眺望

当時のビリヤード台も現存している

## The Column to Deepen Your Insight
## ヒト・コト・モノ history

### ぐるぐる海友舎プロジェクト
Guruguru Kaiyousya Project

　海友舎は現在、島内外の多彩なメンバーから成る「ぐるぐる海友舎プロジェクト」によって運営されています。平成24年(2012)に戦後からの所有者であった会社の撤退が決まり、建物は取り壊しの危機に。以前からこの建物に魅了されていた、江田島市在住の南川智子さんは「この魅力的な建物を活用しながら残す方法を探したい」と、建築好きの仲間たちの協力を得て建物のオーナーと交渉。その後、オーナーの快諾を得て平成24年(2012)10月、建物の保存・活用を目的とした「ぐるぐる海友舎プロジェクト」を発足させました。

　海軍のクラブ組織は「海友社」といい、この建物も地元の人からそう呼ばれていました。地元の人たちを巻き込みながら、仲間とともに建物を大切にするという思いを込めて、「社」を「舎」に改め、新たに建物の愛称を「海友舎」としたのです。

　竣工から110年。持ち主や用途が変わりながらも現在に至るこの建物では、その時々に追加された家具や増改築されたままの姿が残っています。もともとは角ばっていた木製の階段の手摺りも、経年変化により丸みを帯びてきたり、なぜか不自然に切断された扉があったり…。そこにはたくさんの人々が生活していた跡が感じられ、使い続けられてきたからこその魅力があります。

　「この建物の歴史や魅力を知るには、実際に掃除をするのが一番」とメンバーの方が言うように、月に1〜2回程度行う清掃と補修の活動を通して、建物がたくさんのストーリーを語ってくれるのです。

　海上自衛隊第1術科学校正門そばのなだらかな坂道を上がると、ひと際レトロな木造洋館が目に飛び込んできます。「海友舎」という愛称で親しまれているこの建物は、第二次世界大戦が終わるまで「海軍さん」のための娯楽兼福利厚生施設でした。「海軍さん」と一口で言っても、身分によって利用する施設が分かれており、ここは主に、海軍兵学校で働く下士官や兵士(水兵)、職員が使用していました。当時建物内には、娯楽室、寝室、浴場、武道場などがあり、囲碁、将棋やビリヤード、武道などを楽しんでいたようです。

　建物は、明治39年(1906)に建設が開始された和洋折衷の木造洋館。2階のベランダや上げ下げ式窓、換気口に水平アーチが施されたレンガ基礎などに西洋的な建築様式を見ることができます。一方で、室内に入ると畳の部屋もあり、和洋折衷になっています。さらに奥に進むと、平屋建ての広々とした部屋が広がっており、当時は武道場として使われていました。武道場の隣には、遊技場が増築されたようで、古いビリヤード台が現存しています。

　戦後、その役目を終え昭和23年(1948)に民間に払い下げられ、健康器具販売会社を立ち上げた元海軍士官が購入。平成24年(2012)まで、事務所として使われてきました。払い下げ後しばらくは、戦争未亡人など地域住民への職業普及事業の一環として、一部の部屋は洋裁教室としても使われており、照明が低く設置されている部屋があるのはそのためともいわれます。

　100年以上前の建築物にもかかわらず保存状態が良いのは、空き家にならず大切に使われてきたからこそ。会社が撤退後、取り壊しの危機にあったこの歴史的建造物を、使いながら後世に残すために「ぐるぐる海友舎プロジェクト」が島内外の有志により発足。現在は定期的に建物の手入れや清掃、ワークショップなどを行っています。また、取り組みに共感する仲間たちによって、不定期にさまざまなイベントも開催するなど、にぎわいの場として広く知られるようになりました。

## ARCHITECTURE

着　　工／明治39年(1906)10月
竣　　工／───
設 計 者／───
階　　数／地上2階
建物高さ／───
敷地面積／1,336.5㎡
建築面積／227.7㎡
延床面積／310.2㎡
構　　造／木造
用　　途／集会所

## GLOSSARY

◆階段室／階段のみが設けられた空間。◆下見板張り／下見板による外壁の仕上げで、板を横に重ねて張り付けたもの。

あなたが開く、ひろしまの新しい物語の扉
# HIROSHIMA
# TATEMONOGATARI
# BINGO

Hiroshima TATEMONOGATARI File 19

Jodoji Temple
# 浄土寺
Photos/Toshiyuki Nakao

## 数多くの国宝や重文がある文化財の宝庫
## 600年の時空を超えた装飾美

国宝に指定されている本堂。折衷様の力強い架構を見せる外陣と、和様の落ち着いた雰囲気の内陣が見事なコントラストを見せている

### DATA
住所／尾道市東久保町20-28
問合せ先／TEL.0848-37-2361
交通アクセス／JR尾道駅から「東行き」バスで浄土寺下バス停下車、徒歩約1分
公開情報／見学可能(8:00～17:00) ※16:30最終入館
料金／内部拝観・大人600円、小中学生300円、宝物館・400円
撮影／OK(一部不可)
HP／http://www.ermjp.com/j/temple

密教本堂の代表例の一つで、正面の「手挟み」は現存する最古の例とされる

規模が大きいうえに、全体のバランスも良く、全国の多宝塔の中でも名塔とされる。大日如来および脇侍を安置。壁面には真言宗の名僧を描いた真言八祖像がある

## The Column to Deepen Your Insight
## ヒト・コト・モノ history

### 足利尊氏との深い縁
### Strong Hirstorical Connection with Ashikaga Takauji

　室町幕府初代将軍、足利尊氏と浄土寺には深い縁があります。
　建武の新政における勢力争いに敗れた尊氏は、建武3年（1336）、一旦西国に立ち退いて再挙を図ろうと海路で西へ下ります。鞆の浦を経て尾道に逗留し、浄土寺に参詣して木造十一面観音立像に戦運を祈願し、兵を集めて船手を募ります。尾道吉和浦の人々がこれに応え、船頭を務めて尊氏を九州まで送りました。
　浄土寺で募った兵の奮闘もあって、尊氏は九州で勢力を挽回し、畿内へと進軍します。その途中で再び浄土寺に立ち寄り、本尊菩薩に参籠して一万巻の観音経を読誦し、自詠の7首を含む観音法楽の和歌33首を詠進して戦勝を祈願しました。
　この時、尊氏は矢や投石を防ぐ楯にするために本堂の桟唐戸をすべて持ち帰ったと伝えられ、昭和の大修理まで600年間も本堂には扉がありませんでした。こうした由緒から、寺紋に足利氏の家紋と同じ「二つ引両」が使われるようになったとされます。天下を取った尊氏は、備後国得良郷の地頭職を浄土寺に寄進し、彼の見事な花押のある寄進状が今も宝物殿に保存されています。また、境内にある南北朝時代の宝篋印塔（国重要文化財）は、尊氏の墓だという伝説もあります。

　多くの神社仏閣が点在する尾道市内でも浄土寺は、推古天皇24年（616）に聖徳太子が創建したと伝えられる中国地方屈指の古刹です。一度は衰退しましたが、鎌倉時代後期に奈良・西大寺の定証上人が堂塔を再建し、嘉元4年（1306）に華やかな落慶供養を営みました。ところが、正中2年（1325）に火災に見舞われ、堂宇は全て消失してしまいます。しかし、尾道の豪商とされる道蓮・道性夫妻が、嘉暦2年（1327）に本堂を再建しました。
　当時、尾道は年貢米などさまざまな物資が流通する瀬戸内海屈指の港町であり、速やかな再興はそうした繁栄の証だと言えるでしょう。定証上人が安置した平安時代中期作とされる全身を金色の寂光に包まれた秘仏「本造十一面観音立像」（国重要文化財）もあり、浄土寺は尾道の人々にとってなくてはならない信仰の中枢だったのです。幸いその後は一度も災禍に合うことなく、備後地方随一の文化財の宝庫として高い評価を受けています。
　浄土寺の境内一帯は国指定文化財に、本堂と多宝塔は国宝に、南北朝時代に建てられた山門と阿弥陀堂、江戸時代に建てられた方丈や唐門など8件もの建造物が国重要文化財に指定されています。石造物や仏像にも、多くの国・県・市指定の文化財があります。
　外陣、内陣、脇陣からなる本堂は、古来より日本に伝わる和様に加えて、大陸から入ってきた禅宗様と大仏様の様式を自由に取り入れた折衷様と呼ばれるスタイルです。高野山金剛三昧院、石山寺と並んで「日本三名塔」の一つに数えられる多宝塔も、透かし彫りをした蟇股など、細部にわたって装飾が施されており、柱や梁の端に着けられた装飾「木鼻」や、「手挟み」と呼ばれる板部分の装飾は鑑賞のポイントです。奥庭には、豊臣秀吉が伏見城に建てたものを移築した茶室「露滴庵」（国重要文化財）が寂然と佇んでおり、前方には、江戸時代後期に築かれた築山泉水庭園もあります。
　訪れた際には、奥の院付近にある浄土寺山展望台からの眺望も堪能したいところ。

手前から、多宝塔、阿弥陀堂、本堂が並び、折衷様の建造物を一度に見られる

慎ましやかな和様の建築でありながら、天竺様（大仏様）系の木鼻を用いている

## ARCHITECTURE

着　　工／不明
竣　　工／本堂:嘉暦2年(1327)、多宝塔:嘉暦4年(1329)、
　　　　　　阿弥陀堂:貞和元年(1345)
設 計 者／大工:藤原友国、藤原国定
階　　数／不明
建物高さ／不明
敷地面積／不明
建築面積／不明
延床面積／不明
構　　造／木造
用　　途／寺

## GLOSSARY

◆多宝塔／上層を円形、下層を方形とした二重の構造を持つ釈迦・多宝の二仏を祀る塔。◆外陣／寺院の本堂で、内陣の外側にある参拝場所。◆内陣／寺院の内部で、本尊を安置する最奥部。◆脇陣／寺院本堂で内陣脇の場所。◆和様／奈良時代に伝来した唐の様式を土台に、平安時代に日本流に発展した建築様式。◆禅宗様／鎌倉時代に禅宗とともに宋から伝えられた建築様式。軒の反りが大きく、桟唐戸、火灯窓などが特徴。◆大仏様／鎌倉時代初期に僧重源が東大寺再建にあたり、宋から取り入れた建築様式。指肘木、化粧屋根などが特徴。天竺様ともいう。◆折衷様／和様を基礎に、新様式の唐様、大仏様の特徴を取り入れた建築様式。◆手挟み／寺社建築で、向拝柱の斗栱と垂木の間に取り付けられた板。◆密教本堂／真言宗の寺院などにおいて、僧侶の修行の場と参詣者の礼堂を併せ持つ仏堂。◆桟唐戸／框の中に桟を組み、その間に薄板などを入れた扉。◆擬宝珠／高欄の親柱の頂部につく宝珠形の装飾。◆寄棟造／大棟の両端から四方に隅棟が降りる屋根の形式。◆法楽／経を誦し、音曲や芸能、詩歌などを手向け、神仏を楽しませること。◆宝篋印塔／宝篋印陀羅尼の経文を納めた塔。供養塔・墓碑塔にも用いられた。

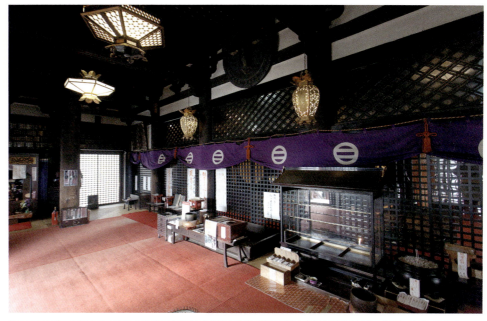

緑の連子の入った鮮やかな朱色の桟唐戸を抜けると本堂に入る。擬宝珠付の高欄や天井など高い位置の装飾にも注目

左／本堂の東隣に位置する阿弥陀堂。正面から見ると、格子の間に板を挟み水平に跳ね上げて開く格子を付けた蔀戸(しとみど)が美しい。内陣も外陣も低く天井を張ったすぐれた和様建築。本堂と多宝塔が建築された後、南北朝時代の建造とされる 右下／寄棟造、本瓦葺の阿弥陀堂の内部。平安時代末期の作とされる本尊の木造阿弥陀如来坐像(県重文)を安置。従来の和様に禅宗様や大仏様など、鎌倉時代に流入した技法を取り入れており、中世の仏教建築の歴史を肌で感じることができる

## SPOT

### 活版カムパネルラ
古くから伝わる印刷技術である活版印刷をワークショップで体験することができる。尾道をイメージした6種の図柄から好きなデザインを選択できる。デザイン小物や地元作家の雑貨も販売。住／尾道市東土堂町11-2／TEL.0848-51-4020

### おやつとやまねこの尾道プリン
クリーミーで濃密な舌触りに、さっぱりした瀬戸内レモンシロップがよく合うプリン(324円)。こだわりの牛乳、卵、生クリーム、砂糖だけで作られており、心にも体にも優しい味。住／尾道市東御所町3-1／TEL.0848-23-5082

### 工房 尾道帆布
いまや全国でも少ない帆布工場が残る尾道ならではの土産物。帆布でできたバッグやポーチ、ブックカバーは耐久力抜群、使うほどに風合いが出る。カラフルな色合いも魅力。住／尾道市土堂2-1-16／TEL.0848-24-0807

Hiroshima TATEMONOGATARI File 20

Former Office of Maruyama Shoten

# 旧マルヤマ商店事務所

Photos/Toshiyuki Nakao

## 下駄の名産地、松永の興隆の象徴
## 石造りに似せた風格ある木造建築

重厚感のある石造りの洋館に見えるが、実はモルタルで壁面を仕上げた木造建築。下駄の生産により発展してきた、松永の歴史を象徴する建築ともいえる

### DATA
住所／福山市松永町364-1
問合せ先／TEL.084-934-6644（松永はきもの資料館）
交通アクセス／JR松永駅から徒歩約5分
公開情報／はきもの資料館開館日（金・土・日・祝日）は見学可。
見学希望者は事務所へ問い合わせを
料金／無料
撮影／OK
HP／http://www.city.fukuyama.hiroshima.jp/soshiki/matsunaga-hakimono/

玄関のひさしと、事務所入り口の少しくぼんだアルコーブの上にバルコニーを設置

上げ下げ式の木製窓枠の上に、わざわざアーチ窓を設置するこだわりが見える。また、壁面から屋上に立ちあがるパラペットの装飾によって、木造を感じさせない技術も見どころ

## The Column to Deepen Your Insight
# ヒト・コト・モノ history

## 丸山茂助
Mosuke Maruyama／1853〜1917

　松永の下駄作りは、松永の製塩業と深く関わっています。山陰地方に塩を運ぶ船は、海水を濃縮したかん水を煮詰めるための薪を積んで帰っていました。その中に、桐によく似た軽くて加工しやすいアブラギがありました。明治11年(1878)、塩田に潮を引き入れる入り江のそばで下駄屋を営んでいた丸山茂助がアブラギに着目し、安価な下駄の生産を始めたのが、松永の下駄の歴史の始まりです。もともと燃料だったアブラギは、格安で仕入れることができます。桐材が主流で高級品であった下駄を安価に提供することができるようになり、丸山のひらめきとアイデアは、「松永の下駄は安くて大衆的」という評判とともに全国に広まっていきました。丸山は糸鋸機の導入など、機械化にもいち早く取り組み、大正4年(1915)には広島県の「産業功労賞」を受賞。亡くなる大正6年(1917)には、下駄産業では例を見ない大規模な製造システムを完成させたのです。
　丸山の死後も、松永の下駄作りは発展を続け、ピーク時の昭和30年代には300軒ほどの下駄屋があり、年間5,600万足もの下駄を生産していました。生産量は減りましたが、丸山の残した下駄作りの礎は脈々と受け継がれています。

　かつて、下駄の生産量日本一を誇っていた福山市松永町。この建物は、下駄などの履物を生産していたマルヤマ商店の本店として、大正11年(1922)に建築されました。元々この地域では、塩づくりが盛んに行われており、江戸時代から、松永湾の入江には、塩の製造に欠かせない燃料のための原木がたくさん貯蔵されていました。それに目を付けたのが、実業家の丸山茂助でした。彼は、明治11年(1878)に原木を材料にして、小さな下駄の製造小売店「マルヤマ商店」を開きます。下駄作りは、塩田で働く人々が雨で働けないときや、夜の間の副業として行われた側面もあって、優秀な職人が増えていき、隆盛します。さらに安価な材木の入手と、全国に先駆けて下駄の生産を機械化することにも成功。安くて大衆的な下駄の生産が可能となり、事業を拡大していったのです。

　そんな豊かな時代にマルヤマ商店の本店として建てられたのが、このレトロな洋館です。石造りを思わせるような重厚な佇まいですが、実は壁面をモルタルで仕上げた2階建ての木造建築です。屋根も瓦葺きの和風なものですが、パラペットと呼ばれる手すり壁で上部を覆う技法がうまく用いられ外観からは分からないようになっています。パラペットを始め、柱型や玄関ポーチなどに施された細やかな装飾は、職人の技術の高さとこだわりがうかがえます。
　内部の構造を見てみると、大正時代の建築の典型的な特徴を備えた洋館であることが分かります。急速に西洋化が進んだ明治時代の洋館は、西欧の様式をそのまま再現していましたが、大正に入ると、日本化された部分が見えるようになります。例えば、室内に設けられた床の間。さらに、2階部分の窓が低く設計されており、椅子ではなく、床に座ることを前提に作られたものと思われます。下駄作りは、昭和30年(1955)頃に最盛期を迎えましたが、時代の移り変わりとともに衰退。事務所として使われなくなった後も、近年まで「日本はきもの博物館」(現・松永はきもの資料館)のコーヒーハウスとして営業していました。平成8年(1996)、「国登録有形文化財」となっています。

柱頭を始め外壁に細かく施された装飾によって、高級感が一層増して感じられる

正面の上部分には、マルヤマ商店の社章と思われるエンブレムが大きく施されている

## ARCHITECTURE

着　　工／不明
竣　　工／大正11年(1922)
設 計 者／長谷川建築事務所
階　　数／地上2階
建物高さ／9.77m
敷地面積／102.14㎡
建築面積／90㎡
延床面積／149.15㎡
構　　造／木造疑似石造
用　　途／喫茶室

## GLOSSARY

◆丸山茂助（まるやまもすけ）（1853～1917）／松永で下駄の製造・販売を始め、材料の転換や機械化を進めた。警視総監や宮城県知事を務めた丸山鶴吉は四男。◆パラペット／陸屋根（屋根勾配がほとんどなく、平面状になっている屋根）や屋上などの端部で、立ち上げられた低い壁のこと。◆アルコーブ／壁の一部を少し後退（または突出）させて作る、くぼみや空間のこと。◆柱頭（ちゅうとう）／柱の上部のことで、特殊な彫刻が施されている。◆エンブレム／シンボルマーク、メーカーのトレードマーク、紋章のこと。◆レリーフ／浮彫のこと。

左／日本はきもの博物館のコーヒーハウスとして使用されていた1階の応接室部分。洋館でありながら部屋の奥には床の間が設置されていて、西洋風の建築に日本古来の文化を融合させようという試みは興味深い。天井に施された細かなレリーフ装飾は一枚の鉄板で作られている
右／玄関を入って右わきにある、事務所部分も喫茶室として利用されてきた。窓枠の装飾や大きな柱など、職人の技術を体感して。マルヤマ商店最盛期の中枢を担った当時の賑わいが、今にも聞こえてきそうだ

## SPOT

### 千とせの鯛そうめん
鞆の浦で有名な鯛料理。温かいつゆに、鯛のお頭がドンとのった鯛そうめん（1,404円）。脂ののった鯛の出汁がそうめんにもよく絡む、郷土料理「千とせ」の人気メニュー。住／福山市鞆町鞆552-7／TEL.084-982-3165

### 虎屋本舗本店
創業400年近い老舗でありながら、たこ焼きにしか見えないシュークリーム（680円）等の大ヒットで、全国にそっくりスイーツ・ブームを起こした意欲的な和菓子店。住／福山市曙町1-11-18／TEL.084-954-7455

### 道の駅アリスト ぬまくま
ハーブガーデン、自由市場、レストランなどがある道の駅。なかでも、近郊の港で揚がった新鮮な魚が毎日入荷しているのは珍しい。天然鯛など大きな魚もショーケースに並ぶ。住／福山市沼隈町大字常石1796／TEL.084-987-5000

Hiroshima TATEMONOGATARI File 21

Onomichi Gaudi House (Former Izumi Family's Second House)

# 尾道ガウディハウス (旧和泉家別邸)
Photos/Toshiyuki Nakao

## たった一人の大工が3年かけて建築
## 地形に合わせた和洋折衷住宅

下から見上げると空に浮かんでいるようにも見える。「ひやま時計店」の向かいにある石段を33段上がった右手側に玄関がある

### DATA
住所／尾道市三軒家町9-17
交通アクセス／JR尾道駅から徒歩約5分
公開情報／内部見学不可
料金／―――
撮影／OK
HP／http://www.onomichisaisei.com/

和館部分に設けた和室。窓枠や違い棚などの細かい造作に職人のこだわりを感じる

建設時の「建材買求帳」には、四国の山林を購入したとあり、良質な木材を使っている

和風建築には珍しく曲線が目立つ外観

昭和初期のタイル張りかまどが残る土間台所

## The Column to Deepen Your Insight
## ヒト・コト・モノ history

### 尾道空き家再生プロジェクト
Onomichi Vacant House Reuse Project

瀬戸内海の坂の町、尾道固有の町並みや建物は、人々が営んできた暮らしの歴史であり文化です。中でも、山の斜面に迷路のような路地と坂道が張り巡らされた山手地区は、空洞化と高齢化が進み、空き家が数多く存在しています。その中から、建築的価値が高いもの、不思議で個性的なもの、景観が優れているもの等、さまざまな魅力をもった空き家を再生し、新たな活用策を模索するのが、「尾道空き家再生プロジェクト」です。

プロジェクトは、平成19年(2007)、「尾道ガウディハウス」の再生に着工したことに始まり、翌20年(2008)にNPO法人化。平成21年(2009)からは、尾道市と協動で新たに「尾道市空き家バンク」を立ち上げ、坂の町や古い家に暮らしたい人と空き家のマッチングにも取り組んでいます。地域の活性化を担う次世代のコミュニティを構築しつつ、尾道の独特な町並みを後世に引き継いでいくことが、同プロジェクトの目的です。

現在まで同プロジェクトが再生した建物には、平成25年(2013)に尾道ガウディハウスとともに国指定登録文化財に選ばれた大正10年(1921)建築の「みはらし亭」、昭和30年代の商店を子連れママのサロンに再生させた「北村洋品店」、京町屋のような細長い建物をゲストハウスに再生させた「あなごのねどこ」などがあります。

---

JR尾道駅裏の斜面地には、大正末期から昭和初期の豊かな時代に建てられた和洋折衷建築が今も多く残されています。中でも、わずか10坪という狭い建物の中に、さまざまな技法がギュッと凝縮された貴重な建築物が「旧和泉家別邸」。構造は、木造2階建てで一部地下室があり、北西側に三角形に広がる和館部と、南側に矩形に伸びる洋館部でできています。石段の下から見上げると、地形に合わせた複雑な形状と、板張りの外壁から独特の存在感と力強さを感じます。

昭和8年(1933)、尾道で箱物の製作・販売を手がけていた和泉茂三郎が、別宅として建設したもので、一人の大工が3年の年月をかけて完成させたとされます。昭和55年(1980)頃まで住まいとして利用された後、約25年間空き家の状態でしたが、平成19年(2007)から現在に至るまで、空き家再生のシンボルとして、工事が続いています。

「ガウディハウス」という愛称は、「アントニ・ガウディが設計したスペインのサグラダ・ファミリアのように、いつ完成するか分からない」という意味合いで、いつからともなく使われるようになりました。また、随所に必要以上の装飾が見られ、和風建築には珍しく曲線が多用されていることもガウディに通じるものがあります。たとえば、玄関に注目して見ます。正面玄関の上には、幾重にも重なる飾り屋根や、飾りのうだつがあります。また、石段から玄関までの狭い空間には、鳥居のようなものが見てとれます。これは門の跡で、本来ならば不必要なもの。このように、入り口から過剰な装飾のディテールを感じ取ることができるのです。

内部で特に目を引くのは、階段部分。三角形で片側が湾曲した階段の段板は、13段すべて形が違います。階段だけで1年をかけたとされ、職人の技術とこだわりが反映されています。他にも、土間にタイル張りのかまどがそのまま残るなど、昭和初期の生活スタイルを今に伝えています。再生のプロセスは広く共有されており、アップグレードし続ける様子を見守ることができます。再生後は、貸しスペースなどとして広く活用していく予定です。

---

## ARCHITECTURE

着　　工／昭和5年(1930)
竣　　工／昭和8年(1933)
設 計 者／不明
階　　数／地上2階
建物高さ／不明
敷地面積／約33.00㎡
建築面積／約33.00㎡
延床面積／約66.00㎡
構　　造／木造
用　　途／個人住宅

## GLOSSARY

◆和洋折衷住宅／近代日本に建てられた和風と洋風建築の要素を意図的に折衷した建物。◆アントニ・ガウディ（1852〜1926）／スペインの建築家。曲線や曲面、装飾を多用した幻想的な作風で知られる。◆サグラダ・ファミリア（聖家族教会）／スペイン、バルセロナの教会建築。明治15年（1882)にフランシスコ・ビリャールにより設計されるが、教会との意見の対立により辞任。明治16年（1883)に当時は無名だったガウディが建築を受け継ぐが、完成を見ずに逝去。2026年の完成を目指し、現在も建築中。世界文化遺産。◆飾り屋根／住まいの中や玄関の上に装飾として付けられた屋根。◆違い棚／2枚の棚板を左右から食い違いに吊った棚。書院造によく見られる。◆京町屋／京都に多く建てられた間口が狭く、奥行きが深い職住一体型の住居。

Hiroshima TATEMONOGATARI File 22

Yoshihara Family Residence

# 吉原家住宅

Photos/Toshiyuki Nakao

## 江戸初期の暮らしを今に伝える現存する日本最古の農家

正面に石垣を築き、周囲に土塀をめぐらした屋敷は1,880.99㎡に及ぶ広大なもの。長屋門をくぐると、茅葺屋根が印象的な母屋が目に飛び込んでくる

### DATA
住所／尾道市向島町江奥3854
問合せ先／TEL.0848-45-0399（吉原家住宅を守る会）※開館日のみ
交通アクセス／しまなみ海道「向島IC」から車で約15分
公開情報／見学可能（日曜・祝日10:00〜16:00）
金額／300円、中学生以下無料
撮影／OK
HP／なし

縁側も広くとられており、土間側から見て手前が広縁、その奥に内縁がある

多くの人が出入りする公的な空間だった東側の座敷部分。襖で仕切ることができる

土間には、人が入れるほど大きなイモツボが掘られており、食料の保存に使われていた

## The Column to Deepen Your Insight
### ヒト・コト・モノ history

## 全国最大の茅葺き職人集団「藝州流」
"Geishu-ryu": The Largest Thatching Craftsman Group in Japan

吉原家住宅の見どころの一つが、寄棟造の重厚な茅葺屋根。茅葺屋根は、世界で最も古い屋根の形とされ、縄文・弥生時代の住居も茅葺だったとされます。茅とは屋根材に使われる草本系植物の総称で、ススキ、チガヤ、オギ、スゲ、稲藁、ヨシ、アシなどがよく使われます。機密性と断熱性に優れ、夏は涼しく、冬の寒さにも耐えられるというメリットがある反面、寿命が短い、燃えやすいなどの欠点もあります。材料となる茅刈りから屋根葺きまで、もともと住民が力を合わせて行っていましたが、江戸時代中期から専門の屋根葺き職人が現れました。全国にいくつかの職人たちの組織がありましたが、その中でも最大のものとされるのが、「藝州流」と呼ばれた広島県西部の職人集団です。

藝州流の職人は、音戸町（現・呉市）、熊野町、志和町（現・東広島市）などに分布。独特な茅葺きの道具カマバリを駆使して、一人で葺き上げていく工法が特徴で、明治時代後期から昭和30年代頃まで、近畿や中部、四国や九州へ出稼ぎし、高い評価を得ていました。茅葺き屋根は、わが国では昭和40年代以降急速に廃れていきましたが、ヨーロッパではエコロジーの観点から近年再評価されており、多くの茅葺き屋根住宅が新築されています。

尾道沖に浮かぶ向島のほぼ中央に位置する、吉原家住宅。ここは、残された所蔵文書から江戸時代初期の寛永12年（1635）に建築されたことが分かる日本最古の農家で、築年数がはっきりしている民家としても全国で3番目の古さ。納屋、附便所、鎮守社、棟札、家相図、宅地とともに国重要文化財に指定されています。

吉原家は、現在の当主で39代を数える古い家柄で、江戸時代には向島近隣5カ村をまとめる庄屋でした。古文書類も豊富で、尾道・三原地区の歴史を語るのに欠かせない史料も数多く保存されています。古い家相図も残されており、江戸時代後期からの建物の変遷が分かることも貴重です。平成16年（2004）に、寛永時代当初の形式に基づいて復元されました。

屋敷は、豪農の住まいらしく周辺が見下ろせる高台にあり、正面には建物が門を兼ねた長屋門（国登録有形文化財）を構えています。現在の長屋門は、明治18年（1885）に再建されたものですが、江戸時代後期から同様の門があったことが史料で分かっています。長屋門は、上級武士や一部の富裕な農家の屋敷にのみ用いられており、吉原家のものは近隣では類を見ない規模で、家格の高さを現わしています。

主屋は寄棟造の重厚な茅葺屋根で、内側から高い屋根裏を見上げると、その精巧さが分かります。土間の中央には柱を建てず、二重の梁組で大きな空間を構成するという珍しい造りで、梁や柱に異なる種類の木を使用していること、原木ではなく加工材を使用していることも特徴です。また、主屋全体で見ると、14種類もの木材が使用されています。

細部で注目したいのは、東側の床板。よく見てみると、少しボコボコしていることが分かりますが、これは現在の鉋が普及する前に使われていた槍鉋（やりがんな）によるもの。槍の穂先に似た刃に柄を付けたもので、手前にひくようにして木材を削っていくため、平らな板を作ることは容易ではありませんでした。槍鉋の跡があることは、江戸時代初期～中期に遡る古い家屋だという証拠になります。

## ARCHITECTURE

着　　工／不明
竣　　工／寛永12年（1635）
設計者／不明
階　　数／地上1階
建物高さ／9,285m
敷地面積／1,880.99㎡
建築面積／約180㎡
延床面積／約180㎡
構　　造／木造
用　　途／（旧）民家

## GLOSSARY

◆豪農／江戸から明治時代の上層農民。手工業や商業を兼業し、村役人を勤める場合が多い。◆鎮守社／特定の建造物や地域を守るために建立された神社。◆棟札／棟上げのとき、施主・施工者・年月日などを書いて棟木に打ち付ける札。◆家相図／改築などにあたり、間取りなどを描いた図。◆長屋門／門の両側が長屋となっており、そこに家臣や下男を住まわせた屋敷の門。◆寄棟造／大棟の両端から四方に隅棟が降りる屋根の形式。◆茅葺屋根／ススキ、ヨシ、稲藁などで葺いた屋根。保温性の高さが特徴。◆槍鉋／槍の穂先に似た刃に長い柄を付けた古いタイプの鉋。突くようにして木材を削り、平面に仕上げる。◆広縁／部屋に面して作られた幅の広い縁側。◆内縁／建具の内側にある縁側。建具の外側になる吹きさらしの縁側は濡れ縁あるいは外縁と言う。◆イモツボ／床下に掘った穴に稲藁を敷いてサツマイモなどを入れる、昔ながらの長期保存法。◆カマバリ／長い柄の先に穴が開いている鎌。縄を結束したり、切ったりするのに使う。

Hiroshima TATEMONOGATARI File 23

Ota Family Residence
# 太田家住宅
Photos/Toshiyuki Nakao

## 江戸時代の鞆の浦の繁栄を伝える
## 名産「保命酒」創業家の邸宅

江戸時代の豪壮な屋敷構えがほぼそのままの状態で残っている主屋。入母屋造りの本瓦葺きで、2階建ての主屋は街路の角地に面して建っている

### DATA
住所／福山市鞆町鞆842
問合せ先／TEL.084-982-3553
交通アクセス／JR福山駅からバスで「鞆港」バス停下車、徒歩約5分
公開情報／見学可能（10:00～17:00）※入館は16:30まで。火曜休
料金／大人400円、小学生200円
撮影／不可
HP／なし

主屋に入ってすぐの店土間と店の間。いくつもの畳の間が続き、奥の方には茶室もある

開放感のある大広間。通常知られる細長い構造の町家づくりでは見ることはできない

漆喰のたたきと瓦製タイルの店土間

酒蔵外壁のサイコロ目状の漆喰デザイン

## The Column to Deepen Your Insight
### ヒト・コト・モノ history

### 鞆の浦 江戸時代のにぎわい
Tomonoura: Bustling with the Atmosphere of the Edo Period

　長い戦乱の世が終わりを告げ太平の江戸時代が訪れると、鞆の浦は海上交通の要衝である交易都市として栄えました。また、巨万の富を手にした豪商が社会・文化事業を盛んに行ったため、鞆の浦は最先端の文化都市としても花開いたのです。

　町並みを見渡すと、往時の隆盛を今に伝える、港に面した豪商や廻船問屋の土蔵、商家の町並みや景観が残っており、その繁栄を裏付ける文書類も豊富に保存されています。また江戸時代に将軍や国王の代替わりなどに幕府へ派遣した使節団である、琉球使節や朝鮮通信使、オランダ商館長の一行も鞆の浦に立ち寄っています。中でも12回に及ぶ朝鮮通信使はほとんど鞆の浦に寄港していました。

　迎賓場所としては、福禅寺が使われ、朝鮮通信使の従事官だった李邦彦は、賓客の宿舎である客殿「対潮楼」からみた海と島の眺めを「日東第一形勝」と賞賛したといわれています。

　そのような背景の下、庶民の暮らしに活力を与えたとされるのが、当時は京都や大坂そして城下町でしか演じられなかったという高級文化の「能」を見るチャンスが、年に1回あったこと。しかも驚くのは、呼ばれた役者の顔ぶれ。当時の一流役者が流派を問わず集められており、これは、天下の大商人がひしめく鞆の浦だからこそできた奇跡のような出来事だったのです。

　太田家住宅は、瀬戸内海を代表する港町だった鞆の浦の繁栄を今に伝える商家の建物群です。「万葉集」の昔から、港に適した天然の地形により、風待ち、潮待ちの港として栄えてきた鞆の浦。江戸時代には、北前船など多くの物資を乗せた商船が出入りする華やかな港町でした。

　そんな鞆の浦の一等地で、江戸時代初期に漢方の生薬を配合した薬酒「保命酒」の製造販売を始めたのが、大坂の漢方医、中村吉兵衛です。保命酒は、頼山陽を始め多くの文化人や大名、公家、外国使節にも愛飲され、広く普及。製造を独占していた中村家は、まさに鞆の浦の繁栄の中心だったのです。幕末には、公武合体派によるクーデターで京都を追われた三条実美ら7人の尊王攘夷派の公卿が、長州藩へと落ちのびる前に宿としたことでも知られています。公卿だけでなく、多くの幕末の志士がここに滞在したといわれます。

　ところが、明治に入って、独占していた保命酒の製造が解禁されたことで、中村家は急速に衰退。その住居は廻船業を営んでいた太田家に継承されたため、現在は太田家住宅と呼ばれています。

　敷地内には、30部屋近くある主屋や3つの保命酒醸造蔵、釜家など9つの建物が並び、四方は道路で囲まれています。作りは町家建築ですが、通常の町家のように奥に細長いことはなく、規模が大きいのが特徴です。これらの建物群は、江戸時代中期から後期にかけて店の繁栄とともに拡張・増築していったため、この規模になりました。

　細部で注目したいのは漆喰（しっくい）を用いた造形です。主屋の土間部分は正方形の瓦と叩き締めた漆喰を交互に配した市松模様が美しく、モダンな印象さえ与えています。酒蔵の壁も漆喰が多用されており、職人の仕事ぶりがうかがえます。さらに数寄屋造りを思わせる主屋の網代（あじろ）天井など、細やかな意匠が随所に施されています。主屋の表の間は貴人を招くのにふさわしい優美な造りとなっており、西国大名の参勤交代時の海路の本陣としても使われていました。

## ARCHITECTURE

着　　工／不明
竣　　工／18世紀中期
設 計 者／不明
階　　数／地上2階
建物高さ／10.2m（主屋）
敷地面積／1,375.19㎡（主屋、蔵、庭等を含む）
建築面積／不明
延床面積／327.754㎡（主屋）
構　　造／木造
用　　途／商店（酒屋）

## GLOSSARY

◆風待ち、潮待ち／風と潮流を利用して航行していた当時の船が、風と潮の流れが変わるのを待って停泊すること。◆北前船／江戸時代から明治時代にかけて活躍した港から港へ荷を運ぶ船。東北や北陸、後には北海道から日本海を通って瀬戸内海に入り、大阪まで各地の特産品を運んだ。◆保命酒／漢方の生薬を調合した健康薬味酒。江戸時代は中村家が独占していたが、現在は明治以降に創業した4軒の蔵が数種類の生薬を使って醸造している。◆頼山陽（1780-1832）／江戸時代後期の歴史家、漢詩人。終生、保命酒を愛飲し、賛美した漢詩をいくつも残している。◆公武合体／幕末期に朝廷と幕府の融和により、幕藩体制の立て直しを図ろうとした動き。◆三条実美（さんじょうさねとみ）（1837-1891）／幕末・明治の公家・政治家。尊王攘夷派の中心人物で、明治新政府では太政大臣や内大臣などの要職を歴任した。◆尊王攘夷／天皇を崇拝し、外敵を排斥しようとする思想。次第に倒幕運動へと発展していった。◆網代造り／極薄の板や竹を編み込んだ造り。◆本陣／参勤交代のため街道や海路を通る大名が宿泊する施設。◆廻船問屋／江戸時代に港で荷主と船主の間に立ち、積み荷の取り扱いをした業者。

Hiroshima TATEMONOGATARI File 24

Bandaiji Kannondo Temple (Abuto Kannon)
# 磐台寺観音堂（阿伏兎観音）
Photos/Toshiyuki Nakao

## 志賀直哉の名作「暗夜行路」にも登場
## 時代を超えて人の心を揺さぶる景観美

海に面した絶壁の上にあり、強風を受けるため、岩と建物基部を強固に固定している。瀬戸内海沿岸を中心とした「瀬戸内三十三観音霊場」の一つにも選ばれている

### DATA
住所／福山市沼隈町能登原阿伏兎1427-1
問合せ先／TEL.084-987-3862
交通アクセス／JR福山駅からバスで「観音入口」下車、徒歩約15分
公開情報／見学可能（8:00～17:00）
料金／大人100円、子ども50円
撮影／OK
HP／なし

手すりが低く視界が広いのでスリル満点。瀬戸内海に沈む夕日を満喫することができる

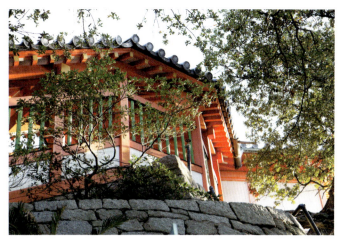

観音堂につながる階段にあしらわれた朱色と緑色のコントラストも美しい

「おっぱい絵馬」が奉納されている本堂

石垣で組まれたお堂へ上る階段の土台

## The Column to Deepen Your Insight
## ヒト・コト・モノ history

### 「暗夜行路」と阿伏兎観音
"A Dark Night's Passing" and Abuto Kannon

明治から昭和にかけて活躍し、"小説の神様"と称された志賀直哉。彼は29歳を迎えた大正元年(1912)に、友人たちと創刊した文芸同人誌『白樺』への不満や、周囲への居心地の悪さ、幾度となく意見の相違から衝突する父親から逃れるように東京を離れ、友人が褒めていた情緒溢れる街・尾道に移り住みます。

志賀は、現在、「おのみち文学の館」として整備されている2部屋と台所だけの棟割長屋に住み、じっくり作品の構想を練ります。その作品は当初、『時任謙作』という題で『東京朝日新聞』に連載される予定だったものの、一度は発表を挫折。その後、執筆を再開し、前編を大正10年(1921)に発表。後編を昭和12年(1937)年に書き上げるまで足掛け16年もの歳月をかけた、志賀直哉唯一の長編小説『暗夜行路』です。

作品には、彼がおよそ半年間にわたって生活していた尾道の情景はもちろんのこと、彼が東京から尾道にやってくるまでに見た風景も数多く登場。その一つが、阿伏兎観音(磐台寺観音堂)です。自分の姿を重ねるように、主人公が東京から旅して尾道に辿りつくまでに見た風景の中で、ひときわ印象に残った阿伏兎観音。阿伏兎岬の突端、海にせり出すようにして佇む朱塗りのお堂。雄大なその風景は、見る人の心を捕らえてやみません。

鞆の浦の西に位置する沼隈半島・阿伏兎岬。その突端で海にせり出すようにして佇んでいる朱塗りのお堂が、「磐台寺観音堂」(国重要文化財)です。正暦3年(992)頃に花山法皇により、航海の安全を願って創建されたとされる臨済宗の寺で、現在の建物は元亀元年(1570)頃、毛利輝元が再建したものです。岬の名前からとって「阿伏兎観音」とも呼ばれています。自然と調和したすばらしい景観は、歌川広重の浮世絵「六十余州名所図会」や朝鮮通信使による紀行文、志賀直哉の名作『暗夜行路』などに取り上げられており、時代を超えて多くの人々から愛されてきました。

境内に入ると、まず出迎えてくれるのが、元文3年(1738)に建立された「磐台寺客殿」(県重要文化財)です。典型的な桃山様式の禅宗方丈建築で、すぐれた欄間の意匠など、優美さが感じられるデザインです。観音堂は、裏手から続く石段を登って目指します。荘厳な朱塗りの柱に囲まれた階段廊下を登っていくと、次第に海の音が溶け合い、登りきると、お堂の向こう側に、突然、瀬戸内海の大パノラマが広がります。外側の欄干の向こうにはさえぎる物がなく、廊下の一部が海側に向かって斜めになっていてスリル満点です。

観音堂の意匠を見てみると、平行に伸びた垂木から、禅宗には珍しく和様建築が基礎であることが分かります。しかし、柱や梁の先端に当たる木鼻の装飾や屋根の反り具合などは、大陸から伝わった唐様を感じさせます。こうした、さまざまな様式を自由に融合させた建造物を折衷様といい、尾道の浄土寺など、室町時代以降に瀬戸内海を中心に建造された仏教建築に共通する部分です。堂内の天井は、規則正しく区切られた格天井で、藤井松林らによる極彩色の「百花図」が描かれており、こちらも見逃せません。

観音堂は、古来より海の安全だけでなく、子授け・安産の祈願所としても信仰されてきました。内部の壁一面には、女性たちの思いが込められた、手作りの「おっぱい絵馬」が所狭しと納められているのも、またユニークで印象的です。

## ARCHITECTURE

着　　工／不明
竣　　工／元亀元年〜天正元年(1570〜73)
設 計 者／不明
階　　数／地上1階
建物高さ／5.1m
敷地面積／───
建築面積／───
延床面積／16.267㎡
構　　造／木造
用　　途／観音堂

## GLOSSARY

◆花山(かざん)法皇(968-1008)／平安時代の天皇、法皇。歌人としても知られる。◆毛利輝元(もうりてるもと)(1553-1625)／戦国〜江戸時代の武将。豊臣政権の五大老の一人で、関ヶ原の戦いでは西軍の総大将に擁立された。◆歌川広重(うたがわひろしげ)(1797-1858)／「東海道五十三次」などで世界的に知られる浮世絵師。◆志賀直哉(しがなおや)(1883-1971)／近代日本を代表する小説家の一人。大正元年(1912)から翌年にかけて半年ほど尾道に住む。◆桃山様式／安土桃山時代の建築や美術などの様式。豪華絢爛なものが多い。◆方丈／一丈(約3m)四方の部屋の意味で、禅宗寺院における住持や長老の居室を指す。◆垂木／屋根板を支えるため、棟木から軒桁に架け渡す長い材。◆木鼻／寺社建築で、頭貫などの端が柱から突き出た部分。◆藤井松林(ふじいしょうりん)(1824-1894)／福山藩の絵師で、花鳥・人物・山水と幅広く描いた。◆白樺／志賀直哉、武者小路実篤らによって明治43年(1910)に創刊された文芸雑誌。その理想主義・人道主義的な作風から白樺派という文芸思潮が生まれた。◆棟割長屋／長い平屋を棟割にして、何世帯かが住めるようにした建物。

Hiroshima TATEMONOGATARI File 25
Fushimi Yagura Turret of Fukuyama Castle

# 福山城伏見櫓
Photos/Toshiyuki Nakao

## 京都・伏見城の一部が福山に現存
## 梁に残された陰刻から歴史を紐解く

石垣の麓から臨む福山城伏見櫓。石垣にそびえ立つ三層の重厚な佇まいが印象的だ。白亜塗りの真っ白な外壁もまばゆいほどに美しい

### DATA
住所／福山市丸之内1-8
問合せ先／TEL.084-928-1278
（福山市教育委員会事務局 管理部文化財課）
交通アクセス／JR福山駅から徒歩約5分
公開情報／内部非公開（11月3日のみ公開）
料金／無料
撮影／OK
HP／http://www.city.fukuyama.hiroshima.jp/

正面にあたる北側にはほとんど窓がなく、他の三方向に窓が多く設置されている

太い梁が重なる頑丈な造り。2階の梁には、伏見城の一部を証明する陰刻が見られる

福山城天守閣は、現在福山城博物館として開かれ、歴史的な史料の展示を行っている

## The Column to Deepen Your Insight
## ヒト・コト・モノ history

### 福山の開祖、水野勝成
Mizuno Katsunari, Founder of Fukuyama

　福山のまちは、水野勝成によって開かれました。勝成が入国するまで、備後地方の中心は神辺城でしたが、海への連絡が悪いことなどから、勝成は常興寺山に新たに築城することを選びました。ここは芦田川のデルタ地帯にあたり、城の北側を山陽道が通り、南は瀬戸内海を臨み、海上交通の要衝だった鞆の浦も近くにあったからです。常興寺山は蝙蝠山(こうもりやま)とも呼ばれ、「蝠」が「福」に通じることから、「福山」という地名にしたとされます。

　城郭の周りに芦田川が流れ込み、南には海が広がっていたため、勝成は治水と干拓工事を行いながら、城下の町割りを進めていきました。城の西部と南部に広く侍屋敷を置き、東部から南部の一部を町人町にし、その外側にさらに広く侍屋敷を配して、城の防備を固めました。その中で町人町は、物資の集積と供給に重点を置いて、海上交通に便利な入江筋と街道筋にかけて造成されました。町人町を拡大させ、経済を発展させるため、勝成は思い切った奨励策を行っています。新しく城下に入り、自力で屋敷地を造ったものには無料で土地を与え、土地にかかる税やさまざまな労役を免除するというもので、この特典は明治時代を迎えるまで継承されていました。このため、備後はもとより近国からも多くの来住者があり、新しい城下町は大いに栄えたのです。

　JR福山駅の新幹線上りホームからもその姿が見えることで有名な、福山城。中でもホームに立つと同じ目線にあり、駅に一番近いのが伏見櫓です。福山城は、元和5年(1619)に譜代大名・水野勝成が、江戸幕府から備後地域の統治を命じられその拠点として元和8年(1622)に築城されました。

　福山城は、築城以来、水野氏5代、松平氏1代、阿部氏10代と続き、廃藩置県に至るまで備後地域の中枢を担ってきました。第二次世界大戦の空襲で、天守閣を始めほとんどの建造物が焼失してしまいましたが、この伏見櫓と筋鉄御門は奇跡的に戦禍を免れ、現存している貴重な建造物として国の重要文化財に指定されています。

　伏見櫓と呼ばれる由来は、元和8年(1622)、将軍・徳川秀忠が、京都・伏見城の一部を移築させたという伝承があったためです。これは、昭和28年(1953)の解体修理の際、梁の部分に「松の丸東やぐら」と陰刻されているのが発見され、事実であることが証明されました。ちなみに伏見城は、豊臣秀吉が慶長2年(1597)隠居後の住まいとして建築したもので、その後、関ケ原の戦いの前哨戦で焼失し、徳川家康が再建しました。しかし、一国一城令のため元和5年(1619)に廃城になり、水野勝成が家康といとこ同士で近い関係であったことから、一部の櫓が福山城へと移されたのです。

　構造は、3層に分かれた本瓦葺き。一番下の初層と、真ん中の二層は、柱の間隔と平面も統一されています。さらにその上にやや小さめの三層が乗っており、下の二層が東西方向に棟を付けているのに対し、三層は南北方面を向いた入母屋造りの屋根が付けられています。外部は北を正面にして、東、西、南に多くの窓を設置。塗装は、初層と二層が白亜塗りで、三層を塗籠めと呼ばれる、土などを厚く塗りこんだ頑丈な壁でできています。こうした構造や手法は、城郭建築の初期の様式を残したものとされます。また、歴史上重要な伏見城の遺構としても、きわめて価値の高いものです。

## ARCHITECTURE

着　　工／元和5年(1619)
竣　　工／元和8年(1622)
設 計 者／不明
階　　数／地上3階
建物高さ／13.95m
敷地面積／136.05㎡
建築面積／189㎡
延床面積／330.17㎡
構　　造／木造
用　　途／城郭

## GLOSSARY

◆櫓(やぐら)／武家屋敷や城郭の要所に設けられた監視、あるいは司令所で戦闘に必要な武器庫のこと。◆梁(はり)／垂直材である柱の上に水平に置き、上からの荷重を支える部材。◆陰刻(いんこく)／彫刻で、文字・模様・画像の部分を平面からへこませて彫ること。またその技法。◆本瓦葺き／平瓦と丸瓦とを交互に組み合わせて並べる屋根の葺き方。また、その屋根。本葺き。◆町割り／町を築くために土地を区画すること。前近代の都市計画。

Hiroshima TATEMONOGATARI File 26
Former Army Facilities on Okunoshima

# 大久野島の旧軍施設
Photos/Toshiyuki Nakao

## 「地図から消された島」に残る廃墟群
## 戦争の時代の遺構と向きあう

大久野島の廃墟群の中でも最大の発電所跡。施設に設置してあった8基の発電機は戦後に撤去された。その後、朝鮮戦争時に米軍の弾薬庫として使用されていた

### DATA
住所／竹原市忠海町大久野島
問合せ先／TEL.082-223-7450（環境省 中国四国地方環境事業所 広島事務所）
交通アクセス／忠海港から船で約15分
公開情報／立入禁止柵外からの見学可能
料金／無料
撮影／OK
HP／なし

芸予要塞の時代に築かれた石畳造りの桟橋。当時のまま残されており、たいへん貴重

毒ガスの貯蔵庫として使われていた建物の跡。鉄筋コンクリート造で頑丈な作りになっており、内部の部屋を構築する部分などはレンガを用いている

地下水の乏しい大久野島でディーゼル発電機を冷却するために、海水を汲み上げていたポンプ室。コンクリートに鉄骨を入れた頑丈な作りになっている

## The Column to Deepen Your Insight

# ヒト・コト・モノ history

## 野生のウサギ
### Wild Rabbits

　竹原市忠海町の沖合3kmに浮かぶ、周囲約4kmの大久野島。要塞の島、毒ガス工場の島を経て、現在は全域が瀬戸内海国立公園に指定されています。そんな中、今大久野島で主役!?ともいえる存在になっているのが、ウサギです。毒ガス工場があった時代、実験動物としてウサギが飼われていましたが、戦中・戦後に食用にされたりしたため、一度は姿を消してしまいます。なぜ、再びウサギが生息するようになったのか諸説ありますが、もっとも有力なのが昭和46年(1971)に、地元・忠海町の小学校で飼育されていた8匹のウサギが放されて野生化した…という説です。島には毛が長かったり、耳がたれていたりといろんな色のウサギが住んでいますが、これらはすべて「アナウサギ」という種類で、島のあちこちにワーレンと呼ばれる巣穴を掘って生活しています。正式な調査ではありませんが、島には現在約700羽以上のウサギが住んでいるといわれています。大久野島の展望台をはじめ、島のあちこちで暮らしており、休暇村の宿舎前に一番多く棲んでいます。大久野島に野生のウサギがたくさん暮らしているという話は、インターネットやさまざまなメディアを通じて国内のみならず、海外にも広く伝わっており、多くの観光客が癒やしを求めて訪れています。

　竹原市沖合に浮かぶ大久野島。現在、島全体が瀬戸内海国立公園になっており、野生のウサギが700羽以上生息する「ウサギの楽園」として人気を集めています。誰もが心癒やされるこの島は、かつて軍事拠点として重要な役目を果たしていました。

　明治時代後期、日露戦争に備え、敵の艦隊が京阪地方を攻撃するのを迎え撃つため、大久野島と愛媛側の小島に砲台が整備され「芸予要塞」と呼ばれました。しかし、航空機の登場など状況の変化もあり、実戦のないまま大正13年(1924)に廃止されます。ところが昭和4年(1929)、島のため秘匿性が高いことから、今度は毒ガス兵器の製造施設が造られたのです。毒ガスの使用は国際的に禁止されていたため、製造は秘密裏に進められます。こうした経緯から、大久野島は「地図から消された島」になってしまったのです。毒ガス兵器の製造には危険が伴い、事故による犠牲者や後遺症に悩まされる人を多く出すことになりました。

　現在島には、旧軍関係の遺構が数多く残されていますが、要塞時代はれんがや石積み、毒ガス関係の施設はコンクリート建築なので、すぐに区別がつきます。毒ガス関係では、貯蔵庫、弾薬庫、検査工室などが、保存のための補修がなされないまま廃墟として残っています。特に火力発電所は端正なモダニズム建築で、規模も大きく、ひと際存在感を放っています。立ち入り禁止の表示がある建物もありますが、ツタが這う巨大なコンクリート建造物や、赤れんがが美しい砲台など、近くに寄るだけで何かを訴えかけてくるような静かな迫力があります。

　戦後、大久野島は占領軍の管理下に置かれ、昭和21年(1946)には毒ガス工場は解体・無毒化されます。しかし、昭和25年(1950)の朝鮮戦争勃発とともに再び米軍に接収され、火薬庫として利用されました。その後、昭和38年(1963)に国民休暇村が開かれ今日に至っています。島内には、歴史的な出来事を今に伝える「大久野島毒ガス資料館」も設置されているので、合わせて立ち寄ることで、より一層理解が深まることでしょう。

高台の上から見ると、建造物の屋根が森の中から顔を出している

ウサギたちが建造物の周りにもたくさん生息し、緊張感を和らげる

## ARCHITECTURE

着　　工／昭和2年（1927）
竣　　工／昭和4年（1929）
設 計 者／不明
階　　数／地上1階※建物内一部地上2階
建物高さ／不明
敷地面積／不明
建築面積／不明
延床面積／不明
構　　造／コンクリート・鉄骨
用　　途／火力発電所

## GLOSSARY

◆モダニズム／鉄筋コンクリートやガラスを多用した、直線や平面による構成を大きな特徴とする建築様式。◆アナウサギ／家畜のカイウサギの原種で、ヨーロッパ、北アフリカに分布。深く掘った穴の中で生活している。

うっそうと生い茂る樹木の中に、野ざらしにされていたタンクの基部のみが残っている

左／発電所の外壁にはツタが生い茂り異様な雰囲気を醸し出している。規則正しく並んだ窓のガラスはなく、骨組みだけが寂しく残る。右／北部砲台の兵員室入り口付近。砲座前面の擁壁やその下の砲弾置き場が一段くぼんだ部分には、レンガが用いられ、他の砲台に比べて様子が異なる点がポイント

## SPOT

**アヲハタ ジャムデッキ**
ジャムづくり体験や工場見学ができるアヲハタの施設（どちらも要予約）。ここでしか買えない限定ジャムやロゴ入りグッズは、お土産に最適。大久野島へ渡る前、立ち寄ってみては。住／竹原市忠海中町1-2-43／TEL.0846-26-1550

**竹原たけのこのテリヤキ牛コロッケバーガー**
峠下牛と吉名じゃがいものコロッケ、食感抜群の厚切りたけのこ、竹原米の米粉バンズ等、地元食材を満載したご当地バーガー。市内4店舗で販売中。休日は島の休暇村でも食べられる。住／竹原市忠海町大久野島／TEL.0846-26-0321

**竹原まちなみ竹工房**
竹の町・竹原で、地元の会員による竹工芸品製作を見学。風車や竹とんぼなど、製作の体験もOK（500円〜）。伝統の竹細工を体感できる。古い土蔵を改装した建物も興味深い。住／竹原市本町3-12-14／TEL.0846-22-0973

あなたが開く、ひろしまの新しい物語の扉
# HIROSHIMA
# TATEMONOGATARI
# GEIHOKU BIHOKU

Hiroshima TATEMONOGATARI File 27

Okinaza
# 翁座
Photos/Toshiyuki Nakao

## 大正・昭和の二枚目役者も立った娯楽を求めた上下町民願いの結晶

通りのカーブを曲がると見えてくる翁座。「映画と実演」の看板が目印だが、「と」の文字がよくみると「画」の行下に配置されている。かつては人々が長蛇の列を成した

### DATA
住所／府中市上下町上下2077
問合せ先／TEL.0847-62-3999（府中市上下歴史文化資料館）
交通アクセス／JR上下駅から徒歩約10分
公開情報／要問合せ（上下ひなまつり期間中の土日は公開）
料金／協力金200円
撮影／OK
HP／なし

館内には、当時ここで演じられた芝居写真が残っている

舞台下の部分。回り舞台を下から回すため、奈落に人が入って人力で回していた。人が一人立っても十分移動できるほどの深さ。石垣でしっかりと舞台を支えている

## The Column to Deepen Your Insight
## ヒト・コト・モノ history

### 京都南座
Kyoto Minamiza Theatre

　江戸時代、天領として代官所が置かれ、石見銀山に通じる石州街道の宿場町として栄えた上下。白壁の商家が軒を連ねる町並みに、木造2階建ての白い小屋「翁座」が溶け込んでいます。

　翁座は、町内の富豪や、慈善団体などの有志による出資で大正12年(1923)に着工されました。「上下町史」によると、建設にあたって、棟梁を任された前藤惣三郎が参考にしたのが、京都の「南座」です。京都南座は、元和年間(1615〜1623)に、京都四條河原に公許された7つの櫓の伝統を今に伝える唯一の劇場。明治26年(1893)に、四条北側の芝居が廃座になり、歌舞伎発祥の現在地(出雲の阿国が「かぶき踊り」を行った場所)に残ったのが京都南座です。その後、大正2年(1913)に改築されており、棟梁の前藤が参考にしたのが、この時の京都南座と言われています。

　江戸末期の歌舞伎劇場の空間構成を備えた翁座の中でも、ハッキリと京都南座を意識した、と確認できるのが、2階桟敷のてすりです。見事なまでの欅作りの細工は、「擬宝珠高欄」(ぎぼしこうらん)と呼ばれて、舞台を見た感覚が、1階からも2階からも同じに見えるよう工夫されて作られています。また桟敷も、2階は建設当時のままの姿を残しており、大正ロマンの香りを感じることができます。

　白壁の商家が軒を連ね懐かしい街並みが残る、府中上下町。江戸時代には天領として代官所が置かれ、石見銀山に通じる石州街道の宿場町として栄えました。翁座は、メインの通りから少し先に進んだところに佇んでいる、国内に残る数少ない本格的な木造芝居小屋の一つです。上下町内の人々が町に芝居小屋を作ろうと団体を立ち上げ、大正14年(1925)に、念願かなって完成させます。史料によると、昭和2年(1927)のこけら落としには、当時人気を集めていた時代劇の二枚目俳優、長谷川一夫が公演したことが分かっています。こうした動きから、上下は近隣地域の中でも文化の中心地だったことがうかがえます。地域の人々にとっての娯楽施設として親しまれ、終戦当時には、高田浩吉、鶴田浩二、大友柳太郎らといった、時代を代表する役者が出演していた歴史のある劇場です。戦後は、映画の上映が頻繁に行われ、現在も建物内には古い映画のポスターなどが残り、保存されています。

　翁座のモデルになったのは、京都にある歌舞伎や演劇を上映していた劇場「南座」といわれており、江戸時代以来の伝統に基づく和風の劇場建築です。外観の正面には『映画と実演』と書かれている看板があり、中に入ってみると、高い吹き抜けが印象的で、当時の人たちの興奮が伝わってきそうです。2階部分には、舞台の全体を見渡すことができる2階席も設けてあり、舞台に向かって左側に花道もあります。また、舞台には、回り舞台が設置されていて、これは、人力で舞台を回転させるもので、「奈落」と呼ばれる地下部分に人が入って回していました。現在は、舞台を回転することはできなくなっていますが、趣向を凝らした空間演出をすることができる、特殊な木造建築といわれています。現在は、ひなまつり等のイベント時や団体等で予約をした場合のみ、一般公開をしています。

舞台を上から見ると、はっきりと弧を描く回り舞台の跡が見える。場面転換に用いられた

2階席から眺める翁座内部。折上げ格天井も見どころの一つ

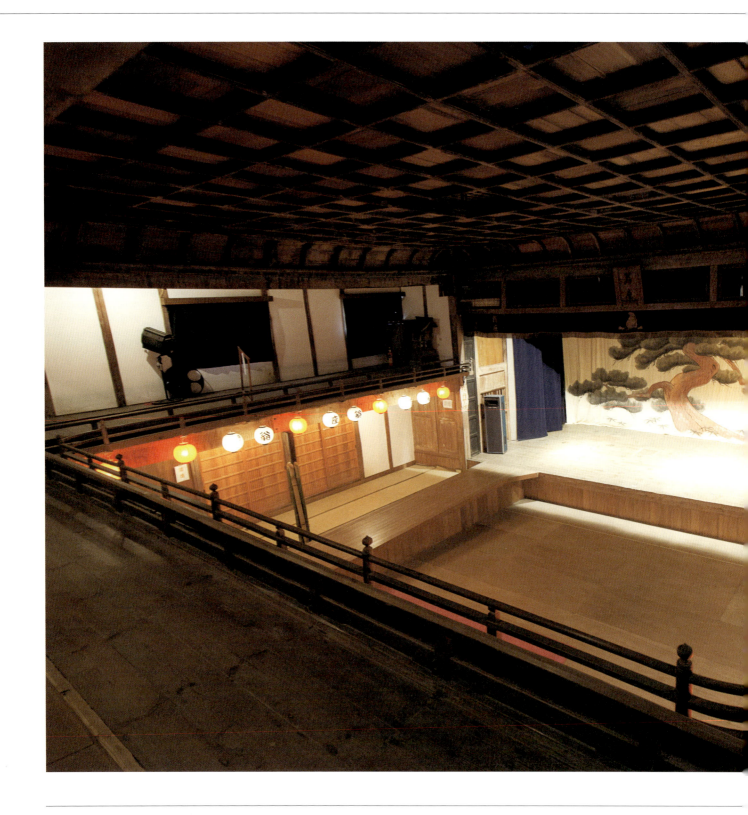

## ARCHITECTURE

着　　工／大正12年(1923)
竣　　工／昭和2年(1927)
設 計 者／前藤惣三郎
階　　数／地上2階
建物高さ／舞台10.25m、観客席9.25m
敷地面積／不明
建築面積／421.46㎡
延床面積／594.72㎡
構　　造／木造
用　　途／芝居小屋

## GLOSSARY

◆天領／天皇・朝廷直轄の領地。江戸幕府直轄の領地。幕府の経済的基盤をなすもので、重要地には奉行・郡代・代官を置いた。◆桟敷(さじき)／演劇、相撲など興行場の上等の見物席。古語には仮床(さずき)といい、地上より高く造られた神招ぎの場所といわれるが、室町時代以降は祭礼や田楽、猿楽などの見物席として土間に対する上等の席をさすようになった。◆擬宝珠高欄／柱に擬宝珠(欄干などの柱の上端につける宝珠形の装飾)をつけてある欄干。

戦後は、芝居の代わりに映画の上映が行われていたため、2階席に上がる階段の途中には映写室の入り口が残っている

左／舞台と花道を2階席から望む。花道には四角い切りこみ（スッポン）が入っていて、芝居の場面に合わせて役者が下から登場する演出もあった。一番人気の席は、近くで役者が見られる、舞台と花道に近い部分だったそう。2階席は、後ろの方の人も見やすいように、傾斜が付けられるなど、客席への工夫が随所に施されていた
右／舞台が見やすいように、2階席の足元からつり下げた提灯のみで照らされている。また、音の響きをよくするため、天井の角は丸くカーブが付けられている。舞台から上を見上げてみると、足場が張り巡らされていて、人が行き来していたことを思わせる

## SPOT

### 府中焼き
「第1回広島てっぱんグランプリ」初代王者となった、府中発祥のお好み焼。バラ肉ではなくミンチを使うのが特徴で、にじみ出た脂により、表面がパリッと焼き上がる。市内で約40軒が営業中。まさに府中のソウルフードだ。

### 上下ふるさと産品センター
矢野温泉近くにある食堂。うどんやそばのほかにおにぎりやコーヒーも人気で、手作りケーキを喫茶コーナーで楽しむこともできる。地元産のこんにゃくも販売。住／府中市上下町矢野540-1／TEL.0847-62-4607

### 矢野温泉
鎌倉時代に発見された山間の名湯で、国民保養温泉地に指定されている。温泉旅館「あやめ」では日帰り入浴のほか、新鮮な魚を使った料理と大衆演劇を楽しむことができる。住／府中市上下町矢野600／TEL.0847-62-8060

Hiroshima TATEMONOGATARI File 28

Koishiki
# 恋しき
Photos／Toshiyuki Nakao

## 現代に蘇る華やいだ料亭建築
## 明治から温故知新の歴史に触れる

かつてのメインストリート「石州街道」側から本館を望む。戦後、再現不可能となった3階部分を見ることができる。その凛とした佇まいが、静かに明治の料亭建築を今に伝えている

### DATA
住所／府中市府中町178
問合せ先／TEL.0847-41-5140
交通アクセス／JR府中駅から徒歩約8分
公開情報／見学可能（8:00～18:00）
料金／無料
料金／OK（一部不可）
HP／http://www.koishiki.com/

敷地内に入ってすぐ左手にある建物が観光案内所だ

母屋の2階から眺める、広大な回遊式庭園。離れまで見渡せる

文化人たちも、かつてはこの縁側に座って、庭を愛でたのだろうか

# The Column to Deepen Your Insight
## ヒト・コト・モノ history

### 愛された恋しき
Koishiki, Beloved by the People

　明治5年（1872）に創業した備後地方を代表する料亭旅館「旅館土生屋」がルーツの「恋しき」。明治期の町の発展とともに、当時の豪遊財界人の延藤友三郎が「野暮な名前だから変えよう…」と提案し、名前を「恋しき」と改名。命名には諸説ありますが、尾道から山を越えて鮮魚を運んでいた、という説も残っています。建物は、近世宿場町の典型的切妻平入りの町家で伝統的な木造3階建ての旅館建築。近世府中の社交場として数々の文化人、財界人に愛された「恋しき」は、地元の方々にとっても府中の繁栄の象徴ともいえます。

　またこの「恋しき」を愛した人物も、実に多彩。戦前は、総理大臣を務めた犬養毅、戦後も選挙応援のために、岸信介元首相、福田越夫元首相、鳩山威一郎元大臣などの政界人が宿泊。他にも、作家の吉川英治が音戸の瀬戸を取材し、長期滞在して「新平家物語」を執筆、当主夫妻と吉川夫妻の没後まで交際は続きます。小説「蒲団」を書いた田山花袋の宿泊も記録されています。近年では、永六輔ほか梶山季之、戸川昌子、高木東六などの著名作家も訪れています。

　恋しきは、明治5年（1872）に創業した料亭旅館でした。現在は、建物を再利用して、食事や結婚式などに利用できる「町屋 Cafe & Dining 恋しき」や、府中市観光協会などが置かれた複合施設になっています。ここ府中市は、大化の改新の後に、備後の国府が置かれた歴史のある町です。石見銀山に通じる石州街道の宿場町として栄え、人や物資の流通で賑わう重要な場所でした。今も町には、旅人が疲れを癒やした茶屋や番所の跡が残っています。また、江戸時代には上月氏が、開墾やたばこ、桐工芸などを生産する、地場産業の基礎を作った歴史から、今も伝統ある物づくりの町として知られています。

　こうした町の発展は明治期になっても続き、恋しきが誕生しました。恋しきの原型は、「旅館土生屋」から始まり、その後、当時の財界人であった、延藤友三郎の提案で名前を「恋しき」と改名します。しなやかで甘美な響きを持つこの名前。命名には諸説あり、はっきりとはしませんが、大正時代に使用されていたお膳箱には「戀一式」と書かれていたといわれています。また、当時は、歴代の総理大臣や小説家などの文化人が宿泊した記録が残っています。

　建物は、当時日本の各地に建てられた宿によく用いられた、典型的な切妻平入りの町家建築です。一番の特徴は、木造3階建てであること。戦後にできた建築基準法では、構造上の問題から木造の3階建ては作ることができませんでした。そのため、戦後の長きにわたって建てられることはなく、再現することが不可能な極めて貴重なものです。このことから、建造物自体は、国登録有形文化財となっています。改築の際に、一部の装飾品は撤去されていますが、随所に注目してみると、今でも十分、職人たちの細やかな仕事ぶりを間近に見ることができます。建造物と合わせて、大正初期に造営された広大な日本庭園や、そこに点在する離れもまた、趣があり、華やかな時代に思いを馳せることができます。

庭園の中には、お茶席を開くことのできる3つの離れが置かれている

庭園側から見た母屋。飛び石の配置も当時から変わらない

## ARCHITECTURE

着　　工／※江戸時代に建てられたといわれている民家を引き継いで創業したため、着工・竣工年は不明
竣　　工／———
設 計 者／———
階　　数／地上1〜3階
建物高さ／———
敷地面積／———
建築面積／———
延床面積／———
構　　造／木造
用　　途／(旧)料亭旅館・(現)観光協会、ダイニングカフェ

## GLOSSARY

◆宿場町／宿場を中心に街道沿いに発展した町。多く、中世以来の宿駅が帯状に発達した。◆切妻(屋根)／屋根形式の一種で、棟から両側に勾配屋根があり、側面側の妻側は壁になっている屋根形状。◆平入り／切妻屋根の流れ方向を平といい、平側から建物に入る形式を平入りといい。すなわち棟(大棟)と平行な面に出入り口のある形式。◆回遊式庭園／建物内から眺めるだけでなく、広大な庭の中を巡りながら空間の展開を楽しむ庭園の形式。

庭に向かって食事を楽しむことができるカウンター席。現代風のアレンジが加わったスタイリッシュな空間だ

右／本館には「町家cafe&Dining恋しき」がメインテナントとして入っており、結納や結婚披露宴などが行えるレストランとして営業。二方向に庭を望むことができる1階の角部屋「竹の間」は、元の部屋作りをそのまま生かした畳張りの部屋
左／大人数の披露宴にも対応できる、2階の間「恋しき」。板張りにテーブルと椅子が置かれたモダンなスタイル。2階から見下ろす広々とした庭は、大正初期に造営されたもの。築山に滝と池を配置した回遊式庭園になっている。松や紅葉、紅白の梅など、季節ごとに表情を変える木々のほか、樹齢千年ともいわれているハクなど、名木が配置されている

## SPOT

### お好み焼さち
創業40年になる元祖・府中焼きの店。府中焼きとは府中市近辺で食べられるミンチを使った特色あるレシピで注目されるご当地お好み焼きだ。たっぷり入るキャベツの甘みがポイント。住／府中市府中町750／TEL.0847-43-4508

### POM府中市こどもの国
土・日曜、学校休業日には、木工を中心とした工作体験ができる児童館。子どもの想像力を培うオリジナル玩具も充実している。プラネタリウムは季節に応じた星空をゆったりと楽しめる。住／府中市土生町1587-7／TEL.0847-41-4145

### 福山市立動物園
約65種類の動物が展示されており、動物を間近で観察できる。土・日・祝日には先着順でキリンや猛獣、ペンギンなどのエサやり体験も実施している。
住／福山市芦田町福田276-1／TEL.084-958-3200

Hiroshima TATEMONOGATARI File 29
Okuda Genso Sayume Art Museum

# 奥田元宋・小由女美術館
Photos/Toshiyuki Nakao

作家の原風景に通ずる自然と呼応し、
満月の夜、より輝きを放つ水盤は必見。

エントランスギャラリーから水盤(池)越しに常設展示棟を望む。水盤に時間の流れ、季節の移ろいを映す

## DATA
住所／三次市東酒屋町453-6
問合せ先／TEL.0824-65-0010
交通アクセス／JR三次駅から備北交通 三次工業団地(美術館経由)などのバスで、「奥田元宋・小由女美術館前」バス停下車、徒歩すぐ
公開情報／見学可能(9:30〜17:00)※満月の夜は21:00まで
料金／大人800円(企画展は別途設定)
撮影／OK(展示室は不可)
HP／http://www.genso-sayume.jp/

美術館は緑に囲まれ、一歩外に出ると静寂を楽しめる

常設展示棟とエントランス棟の間には水盤と屋上庭園を配置

1階の企画展示室へと続く階段

元宋の歌碑がある遊歩道へ

## The Column to Deepen Your Insight
## ヒト・コト・モノ history

### 奥田元宋と小由女
### Genso Okuda and Sayume

わが国を代表する日本画家・奥田元宋と、その妻で人形作家の小由女。明治45年(1912)、双三郡八幡村(現・三次市吉舎町)に生まれた元宋は、小学4年生の頃から学校の図画教師の影響で絵を描き始め、昭和5年(1930)に上京。同郷の日本画家・児玉希望の内弟子として本格的な画家生活に入ります。一方の小由女は、昭和11年(1936)、大阪府堺市に生まれ、3年後に双三郡吉舎町(現・三次市吉舎町)へ。創造的な人形作品に影響を受けた小由女は、日彰館高校卒業後に上京し、紅実会人形研究所の林俊郎に師事、人形の勉強に取り組みます。当初、人物画や花鳥画を中心に創作していた元宋ですが、戦況悪化にともない郷里に疎開。そこで、故郷三次の自然を写生することに没頭し、風景画に開眼。日本画家としての実績を積み、昭和50年(1975)に山梨県昇仙峡の紅葉を表現した、ひとつの転機となる作品『秋嶽紅樹』(しゅうがくこうじゅ)を完成。画面いっぱいに広がる真っ赤な山が、燃えるような炎に見える荒々しいタッチは、それまでの画風とはまったく違うもので、その後の元宋の作品は赤が基調となりました。また夫人の小由女は、当初、白を基調とした造形的な作品で一躍注目を集めますが、材質や技法に工夫を重ね、次第に優美な色彩による女性像へと変化。伝統的な人形芸術の世界に新たな機軸を拓いていきます。故郷に残した数々の作品から、二人の想いを知ることができるでしょう。

平成18年(2006)の開館以来、「日本で一番、月が美しく見える美術館」として人気を集める美術館。三次市出身の日本画家・奥田元宋(おくだげんそう)と人形作家・小由女(さゆめ)夫妻の作品を収蔵・展示する、広島県北部の芸術の拠点施設です。「新国立劇場」などを手掛けた柳澤孝彦が、「今までの経験を注ぎ込み、自分の中でも一番の美術館にしたい」という意気込みで設計し、構想から足掛け5年の歳月を要して完成しました。

設計意図は、作品の中に月や太陽、故郷の原風景を描いてきた元宋の想いをくみ、作風の変遷をつぶさに見ることができる「心の美術館」とすること。東に中国山脈を望む傾斜地を生かした建物構成で、低く伸びやかに広がる平面と、高低差のある断面によって周囲の自然を「抱え込み、呼び込む空間」を作り出し、五感を使って作品を鑑賞できるように配慮しています。

建物は、杭基礎による鉄筋コンクリート構造。北側の道路に沿ってエントランスギャラリー、管理部門を配置。道路からの喧噪を遮断し、静謐な鑑賞空間を確保しています。南側奥の中国山脈のなだらかな山容を表現した常設展示収蔵庫棟とエントランスをつなぐロビーから、建物の中心にある池(水盤)と背後の山並みを望む空間構成になっています。高低差8.5mの複雑な地形を生かした構造で、入館者はまず交差点側から直接3階のエントランスに入り、ロビーから常設展示空間へと動線を展開。搬入動線は、一段低くなる東側から確保して、その同じレベルに管理部門と収蔵庫を集約しています。さらに地形に沿って低くなる1階部分には企画展示室を設けるなど、複雑な自然の地形にはまり込んだ美術館を実現。断熱と省エネにも十分配慮した設計となっています。

最大の見どころが、ロビー正面に設けられた水盤。開館時間が午後9時まで延長される満月の夜には、ここから、三次市内の馬洗川(長土手)沿いの林の上に月が昇る瞬間を描いた元宋の代表作「待月」が天空を映し出して再現され、作家が描こうとした気宇の一端を体感することができます。

## ARCHITECTURE

着　　工／平成16年(2004)8月
竣　　工／平成17年(2005)12月
設 計 者／柳澤孝彦+TAK建築研究所
階　　数／地上3階
建物高さ／16.85m
敷地面積／9,365㎡
建築面積／3,500㎡
延床面積／5,383㎡
構　　造／鉄筋コンクリート造(一部鉄骨鉄筋コンクリート造、茶室は木造)
用　　途／美術館

## GLOSSARY

◆奥田元宋(1912〜2003)／日本画家。昭和59年(1984)に文化勲章を受章、平成元年(1989)に広島県名誉県民。◆奥田小由女(1936〜)／人形作家。平成10年(1998)に人形作家として初めて日本芸術院会員に任命され、平成20年(2008)に文化功労者。◆杭基礎／深く杭を打ち込むことで、軟弱な基盤に立つ構造物を支える基礎。◆水盤／生け花や盆栽に使う長方形の花器に見立てて、建物の中心に広大な水を湛えている。◆児玉希望(1898〜1971)／日本画家。高田郡来原村(現・安芸高田市高宮町)生まれ。川合玉堂に学ぶ。日本芸術院会員、日展常務理事。

# これから様々なたてものと出逢うアナタへ

## たてものめぐりのコツ 10カ条

建物と対峙するにあたり、心の片隅に覚えておきたいコツを伝授。
読んで出かけると、ハッと気づくポイントが増えることうけあい!

**ぜひ、参考にしてみてください。**

### その1  歩きやすい靴で行くべし!

建物は街中だけでなく、山奥にあったり、階段があることも。履き慣れた靴で行きましょう。

### その2  まずは建物全体を見るべし!

建物の形はバラエティ豊か。「なぜこんな形なのかな?」と推理してみると楽しいですよ。

(例)平和記念資料館の形には深い意味が込められています。

### その3  装飾を探すべし!

柱頭飾りや彫り物などをじっくり観察してみましょう。当時の職人たちの腕前に驚くことも!?

(例)旧マルヤマ商店事務所の外壁装飾。とても丁寧な仕事ぶりです。

### その4  細かな形に注目すべし!

洋館の窓は縦長で、現代建築は横長。時代によって木製・鉄製・アルミ製と材質が変わっていくのも面白いです。

(例)耕三寺潮聲閣の浴室の窓は珍しい丸形です。

### その5  マナーを守るべし!

見学不可の建物の敷地に無断で入るのはやめましょう。建物内部の撮影は許可をとってからにする、路上駐車をしないなど。

### その6  建物の素材にも注目すべし!

木なら柱・梁の骨組みを組むのが基本、レンガなら壁をつくるのが基本など、素材によって建て方が違います。

(例)海上自衛隊第一術科学校は、レンガ造らしい重厚な壁が魅力的です。

### その7  屋根裏もチェックすべし!

和風建築は太い梁が特徴で、洋館はトラスと呼ばれる三角形の構造が特徴。和風でも劇場や学校などはトラスを使うことも。

(例)ヤマモトロックマシン東城工場の屋根裏は、美しいトラス構造です。

### その8  建築家について調査すべし!

建築家についても調べてみましょう。同じ人が設計したほかの建物を見に行って比べると、思わぬ発見があるかもしれません。

### その9  建築当時の状況を知るべし!

建物は、建てられた時代を写す鏡。その地域の人に昔話を聞いてみると、建物について理解を深められるかもしれません。

### その10  建物周辺を歩くべし!

ガイドに載っている建物だけでなく、周辺を歩いて名物料理を食べるなど、その建物がある地域を感じてみましょう。

(例)乙女座に行ったら、御手洗の町も散策してみましょう。

# HIROSHIMA
# TATEMONOGATARI
# Other
# Architecture68

### Urban View Grand Tower
## アーバンビューグランドタワー
file.30　広島市中区

設　計／(株)アーバンコーポレーション、(株)板倉建築研究所
竣　工／2004年
住　所／広島市中区上八丁堀4-1

#### 広島市街地の美しき超高層ランドマーク

長らく広島一の高さを誇ってきた市のランドマーク。タワーマンションとしては一般的なアウトフレーム型の外観だが、白くシンプルなデザインでまとめられ、低層部の張り出しや多様な機能の導入など、特徴的な要素が見られる。商業エリア見学可。

### Fukuromachi Elementary School/Machizukuri Shimin Koryu Plaza
## 広島市立袋町小学校／まちづくり市民交流プラザ
file.31　広島市中区

設　計／大旗連合建築設計(株)
竣　工／2002年
住　所／広島市中区袋町6-36

#### 小学校と市民プラザの斬新、かつ高密度な融合

小学校の建替にあたって、市民交流プラザなどの機能を追加した、珍しい複合用途施設。被爆建物である旧校舎をはさんで配置した建物を、4階部分でブリッジ連結。さらに市営駐輪場や屋内運動場、プールを積層するなど、都市部らしい高密なプランとなっている。

### Fukuya Department Store, Hatchobori
## 福屋八丁堀本店
file.32　広島市中区

設　計／渡辺仁建築事務所
竣　工／1938年
住　所／広島市中区胡町6-26

#### 広島の復興と共によみがえった「白亜の殿堂」

昭和13年に建てられ、「白亜の殿堂」と讃えられた老舗百貨店。被爆後も躯体と外壁は残り、広島の復興とともに修復された。タイル張りの外装とリズミカルな窓割りの上品なファサードデザインは、目抜き通りにあって、今なお街並みに品格を与えている。

### NTT Cred Motomachi Building
## NTTクレド基町ビル
file.33　広島市中区

設　計／NTTクレド、NTT都市開発、日建設計、日総建、総合設備コンサルタント
竣　工／1994年
住　所／広島市中区基町6-78

#### デザイン賞多数受賞。立体的な回遊を楽しめる複合施設

広島市の中心部に建てられた、ホテル・百貨店・専門店を内包する大型複合施設。広場とフロアが重なりながら、空中庭園へとつながっていくアトリウムが、立体的なにぎわいを作りだす。完成時、新鮮なデザインが街に大きなインパクトを与えた。

### Hiroshima Prefectural Government Office
## 広島県庁舎
file.34　広島市中区

設　計／日建設計工務（現・日建設計）
竣　工／1956年
住　所／広島市中区基町10-52

#### 広島の戦災復興を特徴づけるモダニズム建築のひとつ

合理的な機能配置に基づく平面プラン、構造体は小さく開口部は大きく見せるデザイン上の工夫、鉄が多用された建具の風合いなど、シンプルな中にも見どころが多い。他の庁舎群と一体となって、落ち着いた街区を形成している点も魅力。

### Grand Prince Hotel Hiroshima
## グランドプリンスホテル広島
file.35　広島市中区

設　計／池原義郎建築設計事務所、大林組
竣　工／1994年
住　所／広島市南区元宇品町23-1

#### 瀬戸内海の多彩な楽しみ方を、空間デザインが演出

広島市・元宇品に位置する海辺のホテル。海側の窓面を大きくした三角形の平面プラン、眺望を生かした婚礼・飲食施設、宮島への高速船が発着する隣接の桟橋など、瀬戸内海の多彩な楽しみ方を、空間デザインで演出している。

### Hiroshima City Ebayama Museum of Meteorology
## 広島市江波山気象館
file.36　広島市中区

設　計／広島県営繕課
竣　工／1934年
住　所／広島市中区江波南1-40-1

#### 市域における鉄筋コンクリート造建築、初期の代表格

平成4年に開館した、気象と科学がテーマの博物館。元は県立広島測候所として昭和9年に建てられたもので、のちに広島地方気象台と改称した。内外観ともに建築当初の原形をよく残しており、当時の最新デザインや設計技法を知る上で貴重。

### Hiroshima Prefectural Art Museum
## 広島県立美術館
file.37　広島市中区

設　計／日建設計
竣　工／1996年
住　所／広島市中区上幟町2-22

#### 規模・内容ともに西日本最大級を誇る美術館

広島ゆかりの画家の作品、1920～30年代の美術作品、日本とアジアの工芸作品など約4800点を収蔵・展示。設計上の特徴は、隣接する縮景園との調和。大きなガラス窓や吹き抜けを持つロビーをはじめ、各スペースから庭園の緑を眺められるように工夫されている。

### Hiroshima Municipal Motomachi Senior High School
## 広島市立基町高等学校
file.38　広島市中区

設　計／原広司
竣　工／2000年
住　所／広島市中区西白島町25-1

#### エスカレーターや巨大な吹き抜けを備える都市の学園

広島城のすぐ北に建つ高校。最上階まで吹き抜けた、大きなピロティを持つ。エスカレーターは登校時の短い時間帯に、学生が混乱なく、最上階の普通教室まで移動するためのもの。南面のカーテンウォールに映しだされた緑地帯が目に心地いい。

### Hiroshima Castle
## 広島城
file.39　広島市中区

設　計／不明、石本建築事務所
竣　工／1589年、1958年
住　所／広島市中区基町21-1

#### 毛利輝元が築いた、城下町・広島の原点

「鯉城」と呼ばれる広島城は、太田川河口の三角州に築かれた典型的な平城。天正17年から約10年の歳月を経て完成した。天守閣は昭和6年に旧国宝に指定されたが、原爆で倒壊。昭和33年に鉄筋コンクリート造で復元され、ミュージアムとなっている。

## Hiroshima Museum of Art
### ひろしま美術館
file.40　広島市中区

設 計／日建設計
竣 工／1978年
住 所／広島市中区基町3-2

**「愛とやすらぎのために」をテーマにした格調高い美術館**

　中央公園の美術館で、特にフランス印象派の作品にかけては日本有数。屋根を銅板で一文字に葺き、発色を緑青で仕上げた重量感あふれるドームが印象的だ。外壁には石材「ローマントラバーチン」が多用され、格調ある空間を生みだしている。

## Former Outpatient Wing of Hiroshima Teishin Hospital
### 広島通信病院旧外来棟
file.41　広島市中区

設 計／山田 守
竣 工／1935年
住 所／広島市中区東白島町

**名建築家が残したモダニズムの遺産**

　建築家・山田 守の通信省時代の作品。外観のデザインはいたってシンプル。合理性や機能性を追求し、装飾を排した「モダニズム」と呼ばれるスタイルに基づいている。通信省は旧郵政省の前身で、優れた建築家が多く所属することで知られた。

## Library of Prefectural University of Hiroshima
### 県立広島大学 広島キャンパス図書館
file.42　広島市南区

設 計／石本建築事務所
竣 工／1997年
住 所／広島市南区宇品東1-1-71

**広く静かな図書空間に、空の光が降りそそぐ**

　鼓や空飛ぶ円盤、鳥かごなど、見る人にさまざまな連想をさせる円筒形の図書館。目につくブレース（筋交い）は構造体として機能しており、大きな内部空間を確保。中心部に吹き抜けがあり、光が降りそそぐ静謐な空間をつくりだしている。

## Former Maritime Police Office
### 旧広島港湾事務所
file.43　広島市南区

設 計／不明
竣 工／1909年
住 所／広島市南区宇品海岸3-13

**宇品港の歴史を今に伝える貴重な洋館**

　水上警察署として建てられ、後に県の事務所としても使われてきた。道路側と海側の両方に顔を向けたユニークなつくりで、下見板張りの外装、ペディメントのついた玄関、縦長で上げ下げ式の窓など、明治後期の洋館の典型的な特徴をそろえる。

## Hiroshima City Museum of History and Traditional Crafts
### 広島市郷土資料館（旧宇品陸軍糧秣支廠建物）
file.44　広島市南区

設 計／不明
竣 工／1911年
住 所／広島市南区宇品御幸2-6-20

**貴重な外壁を残す、赤れんが造りの旧陸軍施設**

　元は旧宇品陸軍糧秣支廠のかんづめ工場の一部。外壁は当時のものがほぼそのまま保存されており、往年の洋風れんが建築の技法を知る上でも貴重。原爆投下により相当の衝撃を受けたらしく、内部に残る折れ曲がった鉄骨がその凄まじさを伝える。

## Hijiyama Hall (Radiation Effects Research Foundation Staff Quarters)
### 比治山ホール（放影研宿舎）
file.45　広島市南区

設 計／前川國男
竣 工／1953年
住 所／広島市南区比治山公園5-2

**名建築家による、アメリカ仕様のモダニズムたてもの**

　比治山公園内にある放射線影響研究所（放影研）の職員宿舎。前身がABCCと呼ばれる米国の研究機関だったため、室内サイズや設備はアメリカ仕様。著名な建築家・前川國男による設計で、モダニズムに基づいている。建物見学は不可。

## Hiroshima West Fire Station
### 広島市西消防署
file.46　広島市西区

設 計／山本 理顕
竣 工／2000年
住 所／広島市西区都町43-10

**市民に開かれた、親しみやすく、新しい消防署の姿**

　建物全体がガラスのルーバー（羽根板）で覆われ、外からでも中で働く人々の姿がわかる消防署。また、4階の展示ロビーからは建物内部全体を、アトリウムの中では救助訓練やトレーニングなどの日常活動を見ることができる。

## Suzugamine Public Housing Complex No.2
### 鈴が峰第２住宅団地
file.47　広島市西区

設 計／現代計画研究所
竣 工／1979年
住 所／広島市西区鈴が峰町

**量より質をめざした昭和50年代低層集合住宅の魅力**

　広島市の郊外に建てられた住宅団地。2階建住棟と4階建住棟を組み合わせ、庭か広島湾の眺望か、いずれかを楽しめる工夫が全戸になされている。量から質への転換をめざした、昭和50年代の低層集合住宅の魅力を感じることができるたてもの。

## Nagisakoen Elementary School
### 学校法人鶴学園 なぎさ公園小学校
file.48　広島市佐伯区

設 計／村上徹建築設計事務所
竣 工／2003年
住 所／広島市佐伯区海老山南2-2-30

**子どもが学び育つための、新たな環境を提示**

　大きな開口部や中庭空間など、開放性の高さを考慮して計画された小学校。場所に応じて天井高などを変化させているのも特徴的。グラウンドの芝生や各所の樹木との調和も図られており、子どもが学び育つ場としての新たな形が提示されている。

## MITAKISO
### 三瀧荘
file.49　広島市西区

設 計／当初:不明、改修:(株)エイジ
竣 工／2009年
住 所／広島市西区三滝町1-3

**貴重な木造建築をモダンアレンジした、麗しき結婚式場**

　昭和初期に建てられた和洋折衷の料亭旅館を、結婚式場へと再生した施設。むくり屋根や銅板に覆われた懸魚（げぎょ）、室内の網代天井など、優れた職人技の数々を鑑賞する楽しさが詰まっている。普段はレストラン営業もしており、一般利用可。

### Hiroshima City Yanominami Elementary School
## 広島市立 矢野南小学校
file.50 　広島市安芸区

設　計／象設計集団（富田玲子）
竣　工／1998年
住　所／広島市安芸区矢野南4-17-1

**子どもたちの五感を刺激する、開放的な学びの場**

　各教室についた小さな庭、木製のドア・手すり・机、各所にあしらわれた遊び心のある仕掛けなど、子どもたちの感性を高めるよう設計された小学校。曲線が多用された独特な形状は、周辺との連続性をイメージしたもの。屋上には田んぼもある。

### Gallery Miyazato
## ぎゃらりぃ宮郷
file.51 　廿日市市

設　計／改修:福島俊を建築設計室
竣　工／江戸後期（2003年4月リニューアル）
住　所／廿日市市宮島町幸町東表476

**嚴島神社だけではない、宮島の魅力を体感できるたてもの**

　江戸時代の古い町家建築を改装した、宮島・町家通りのカフェ・ギャラリー。かつて宮島杓子の卸問屋だった記憶を、建物の各所に残しながら改装されており、小規模ながら質の高い展覧会が多く開催されている。アンティークショップも併設。

### Iwaso
## 岩惣
file.52 　廿日市市

設　計／不明（改修:奥田 實）
竣　工／主屋：1892年（1981年リニューアル）
住　所／廿日市市宮島町345-1

**160年の時を経てきた木造の玄関建屋、風格あるたたずまい**

　宮島を代表する老舗旅館の一つ。明治時代に建てられた主屋は、県内では数少ない木造旅館のたたずまいをよく残している。紅葉谷公園の緑や渓流と一体化した「はなれ」も有名。伊藤博文などの著名人が多数投宿したことで知られる。

### Atatajima Lighthouse Museum
## 阿多田島灯台 資料館
file.53 　大竹市

設　計／通信省航路標識管理所
竣　工／1903年
住　所／大竹市阿多田島田ノ浦449

**近代海上交通を支えた、瀬戸内海の島々の役割がわかる遺構**

　かつて航路標識施設の附属屋として使用されていた資料館。れんが造りで外壁はモルタル。各所に洋風のデザインが採り入れられている。内部見学を希望される方は大竹市教育委員会生涯学習課（TEL.0827-53-5800）に事前連絡を。［国登録有形文化財］

### Take Shrine Treasure House
## 多家神社の宝蔵
file.54 　安芸郡

設　計／不明
竣　工／17世紀
住　所／安芸郡府中町宮の町3-1-13

**神話ゆかりの地に残る、広島城の貴重な一部**

　広島城にあった稲荷神社の社殿を移築し創建された、現存する数少ない城の建造物。奈良の正倉院と同じ校倉造で、柱ではなく壁全体で屋根を支えているのが特徴だ。壁を構成する六角形の部材は、現存する校倉としては唯一のもの。［県指定重要文化財］

### Former Residence of Chiba Family
## 旧千葉家住宅
file.55 　安芸郡

設　計／不明
竣　工／1774年
住　所／安芸郡海田町中店8-31

**旧西国街道の宿場町・海田の歴史をとどめる重要文化財**

　いにしえの宿場町・海田で、御茶屋（本陣）や脇本陣に準ずる施設として、要人の休泊にも使われた住宅。中でも安永3年に建築された座敷棟は、数寄屋風の趣向でまとめられ、江戸時代のもてなしの空間を今に伝えている。［県指定重要文化財］

### Fudenosato Kobo
## 筆の里工房
file.56 　安芸郡

設　計／（株）村田相互設計
竣　工／1994年
住　所／安芸郡熊野町中溝5-17-1

**文房四宝をイメージした、筆の里・熊野町のたてもの**

　筆の生産量全国一の熊野町にあり、文字・筆文化に関わる展開や、地域文化の創生を図る拠点として位置づけられた施設。周辺環境に調和し、敷地の高低差を利用した低層の建物で、文房四宝（筆・墨・硯・和紙）をイメージしたデザインとなっている。

### JMSDF Kure Museum "Tetsu no Kujira kan"
## 海上自衛隊呉史料館 「てつのくじら館」
file.57 　呉市

設　計／山下設計＋日立建設設計
竣　工／2007年
住　所／呉市宝町5-32

**てつのくじら＝潜水艦を従えた、軽快なデザインの海自史料館**

　呉の臨海部に建つ、海上自衛隊の展示施設。鉄とガラスによる軽快なデザインの建物には、隣接して本物の潜水艦が展示されている。壁の白い模様は、潜水艦ドックの壁に、海水が蒸発して出来る塩の結晶を表現したものだ。

### Japan Maritime Self-Defense Force Head Quarters Kure District
## 海上自衛隊 呉地方総監部築1庁舎
file.58 　呉市

設　計／桜井小太郎
竣　工／1907年
住　所／呉市幸町8-1

**江田島の旧海軍兵学校と並ぶ、県内の代表的なれんが建築**

　建物の主要部分はれんが。中央部分は御影石の石造で、特に石柱の加工がすばらしい。柱の先端の日本的な桜も要注目。水陸両方からのアクセスを想定して、玄関を道路側と海側の両方に作っているのは、海軍の建物らしい特徴と言える。

### Aiharashuzo
## 相原酒造
file.59 　呉市

設　計／不明
竣　工／1875年
住　所／呉市仁方本町1-25-15

**独特な川辺の風景を形づくる、昔ながらの造り酒屋**

　県内有数の酒どころとして知られる、呉市・仁方の造り酒屋。昔ながらの細い道路に沿って、自然石基礎に下見板張りの主屋や、腰壁に焼杉板を貼った蔵などが建ち並ぶ。特に川側に妻面を向けた蔵は、独特な川辺の風景を生みだしている。

### Kure City Ondo Civic Center
# 呉市役所市民部 音戸市民センター
file.60　呉市

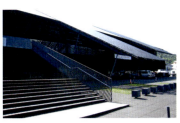

設計／隈研吾建築都市設計事務所
竣工／2008年
住所／呉市音戸町南隠渡1-7-1

## 海と山の対比の中に立つ、壮大な建築物

音戸の瀬戸のほど近く、海沿いに建つ公共施設で、図書館やホールなどがある。特徴的な大屋根には本瓦が使われ、室内は色・形の異なる木製ルーバーで覆われるなど、和風をモチーフにした、個性豊かで印象的なデザインが各所に見られる。

---

### Former Residence of Sawahara Family
# 旧澤原家住宅
file.61　呉市

設計／不明
竣工／主屋1756年、三ツ蔵1809年
住所／呉市長ノ木町2-9

## 名商家の主屋と三ツ蔵が、呉の歴史を象徴する

江戸時代から街道を挟んで立つ、呉の商家。東側には主屋のほか、藩主の休憩所となった書院造りの前座敷があり、西側には土蔵が三棟並んだユニークな三ツ蔵がある。見学は年6回（4月～6月、9月～11月）の限定公開。[国指定重要文化財]

---

### Kure City Water and Sewerage Bureau (Former Hirahara Water Purification Plant)
# 呉市上下水道局 旧平原浄水場 低区配水池
file.62　呉市

設計／不明
竣工／1917年
住所／呉市平原町24

## 独特なフォルムの換気塔を持つ、呉市水道初の浄水場

呉の街を展望できる灰ヶ峰南麓の高台に建てられた浄水場施設の跡。れんがおよびコンクリート造で、通路を中心に東西二つの池を配置。南北にある煙突状の換気塔はレンガ造で、独特なデザインとなっている。建物見学不可。[国登録有形文化財]

---

### Kure City Kurahashi Heated Pool "Wing Kurahashi"
# 呉市くらはし温水プール「ウィングくらはし」
file.63　呉市

設計／青島裕之建築設計室
竣工／2003年
住所／呉市倉橋町字ゴクラク550

## 木々の中で泳ぐような、透明感あふれるプール場

「日本の白砂青松100選」にも選ばれた海水浴場に面して建つ屋内プール施設。白を基調としたガラス張りの透明感あふれるデザインで、プールに周辺の風景が取りこまれており、木々に囲まれた中で泳ぐような空間となっている。

---

### DAIKURE Kure Second Plant
# ダイクレ 呉第二工場
file.64　呉市

設計／不明
竣工／1903年
住所／呉市昭和町7-10

## 往年の威容と、呉の歴史に思いをはせる

旧呉海軍工廠の一部で、現在は旧海軍の技術者が創業した会社の工場となっている。機能が重視される工場施設でありながら、外装はレンガと御影石で彩られており、デザイン性に富む。かつての威容と、呉の歴史をしのばせる遺構。建物見学は不可。

---

### Concrete Ship "Takechi Maru"
# コンクリート船 武智丸
file.65　呉市

設計／林邦雄技術中佐
竣工／1944年
住所／呉市安浦町三津口港内

## 船でありながら建物の要素を併せもつ、呉の珍しい遺構

戦時中、鉄が不足して造られたコンクリート製の輸送船。そのうちの2隻が安浦に、防波堤として残されている。主な設計は舞鶴海軍工廠。建造は大阪で土木会社を経営していた武智昭次郎氏ら。エンジンを積み、自走することができた。

---

### Neighborhood in the vicinity of the 200 Steps of Ryojo
# 両城の階段住宅
file.66　呉市

設計／不明
竣工／昭和初期
住所／呉市両城

## 往時のたたずまいを色濃く残す、急斜面の住宅団地

平地の少ない呉では住宅の適地が少なく、海軍関係者の需要を前提に、急傾斜地も宅地化された。特に「両城の二百階段」で知られる両城エリアには、みごとな石垣の上に建った住宅がまとまって残っている。当時流行した和洋折衷の家も多い。

---

### Goami Museum
# 其阿弥美術館
file.67　東広島市

設計／ナフ・アーキテクトアンドデザイン（中園哲也）
竣工／2010年
住所／東広島市黒瀬町楢原276-7

## 木漏れ日が差し込む「心の癒し美術館」

其阿弥赫土（ごあみかくど）氏の日本画を展示する美術館。壁の隅のスリット窓や、ガラスを用いた装飾板、絵に直接光が当たらないよう計算された天井の集光筒など、細かな配慮と設計によって、柔らかい自然光で作品を観賞できる。光と風の「心の癒し美術館」

---

### Former Chiyo no Haru Shuzo (Sake Brewery)
# 旧千代乃春酒造
file.68　東広島市

設計／不明
竣工／母屋1749年
住所／東広島市志和町志和堀3312

## 田園との調和が美しい、古きよき農村の酒蔵

昔ながらの農村の風情を残す東広島市・志和堀の造り酒屋。現在は操業していないが、敷地内には、江戸時代から昭和期に至る、時代時代の貴重な建物が残されている。特に、江戸時代に建てられた茅葺の主屋は歴史的価値が高く、見どころである。

---

### Former Residence of Kihara Family
# 旧木原家住宅
file.69　東広島市

設計／不明
竣工／1665年
住所／東広島市高屋町白市1046-1

## 江戸時代の豪商の暮らしが脳裏に浮かぶ

白市の古い町並みを代表するとともに、江戸時代初期の町家建築の特徴をよく表した、かつての豪商の住宅。大きな土間が表の店の座敷と裏の居住空間をつないでいる。当時の姿に復元されて、一般公開中。[国指定重要文化財]

### 酒泉館（旧広島県醸造支場）
Shusenkan (Former Hiroshima Prefectural Saijo Sake Brewery)
file.70 　東広島市

設　計／豊田勉之
竣　工／1929年
住　所／東広島市西条上市町2-4

#### 洋風の外観×和風の内観、とりあわせの妙

　醸造支場として建てられた洋館。付柱や下見板で表情づけられ、当時流行していた腰折れ屋根が載っている。外観は洋風だが、内部は和風を強く感じさせるデザイン。現在はお酒に関するライブラリーやカフェとして活用されている。

### 時報塔（鐘撞堂）
Bell Tower (Kanetsukido)
file.71 　東広島市

設　計／伝 鈴木孫三郎
竣　工／1922年
住　所／東広島市志和町志和堀字二ノ平3324-7

#### 今も「時を告げる塔」として親しまれる大正時代のたてもの

　1921年、在郷軍人会が定時励行を目的に建設を計画。それに賛同した在米移民15名が米国製の鐘を寄付して、翌年建設された時報塔である。高さは7.8メートル。外観には当時流行していたアールデコ風の装飾が見られる。[国登録有形文化財]

### 木江の木造建物群
Neighborhood of Wooden Structures in Kinoe
file.72 　豊田郡

設　計／不明
竣　工／明治～昭和期
住　所／豊田郡大崎上島町木江

#### 映画のロケ地になった、趣きある木造の街並み

　木江は「汐待ちの港」として近代以降に発展した港町で、造船業のほか、花街も栄えた。大正～昭和期の木造建築が多く残り、映画『東京家族』のロケ地となった。現在では再現できない木造3階以上の多層階の建物が、集中して残っている。

### 海と島の歴史資料館（大望月邸）
History Museum of the Sea and Island (Great Mochizuki's House)
file.73 　豊田郡

設　計／不明
竣　工／1881年
住　所／豊田郡大崎上島町東野2721-1

#### 廻船業の歴史を学べる、大崎上島のシンボル

　廻船業等で財をなした豪商望月家の邸宅を修復・再利用し、資料館とした施設。規模が非常に大きく、使用されている貴重な木材・石材、職人技など見どころ多数。現存する商家としては瀬戸内海地域有数のもので、島のシンボルとなっている。

### 神辺本陣
Kannabe Honjin
file.74 　福山市

設　計／不明
竣　工／主屋1747年
住　所／福山市神辺町川北528

#### 広島県に唯一現存する、諸大名が休泊した本陣

　かつての宿場町・神辺には、参勤交代の大名が休泊した本陣が県内で唯一残っている。1747年に建てられた主屋は、当時の面影がそのまま。札の間には諸大名の休宿時、門前にかかげた関札が数多く残されている。[県指定重要文化財]

### 明王院
Myooh-in Temple
file.75 　福山市

設　計／不明
竣　工／本堂:1321年、五重塔:1348年、山門:17世紀
住　所／福山市草戸町1473

#### 大陸とのつながりを感じさせる、広島の国宝

　本堂は鎌倉時代の作で、入母屋・本瓦葺き。様式は折衷様と呼ばれ、和様・唐様・天竺様を融合させた珍しいものである。五重塔は南北朝時代の作。芦田川でかつて栄えた草戸千軒と大陸とのつながりを想起させる、重要な寺院建築だ。[国宝]

### 福寿会館
Fukujukaikan
file.76 　福山市

設　計／不明
竣　工／昭和前期
住　所／福山市丸之内1-8-9

#### 伝統的な和と瀟洒な洋が融合した、福山の文化財

　元は個人の別荘だった豪壮かつモダンな邸宅。檜皮葺の唐破風を備えた立派な玄関の和館に、イタリア・ルネッサンス風の窓や柱などを持つ瀟洒な洋館が付属。現在は福山市に寄贈され、イベント等に使われている。[国登録有形文化財]

### 對潮楼
Taichoro
file.77 　福山市

設　計／不明
竣　工／1690年頃
住　所／福山市鞆町鞆2

#### 朝鮮通信使が「日東第一形勝」と讃えた眺め

　歴史的な街並みが残る鞆の浦の、小高い丘にある福禅寺境内に建てられた客殿。建物は眺望を最大限生かすべく計画されており、室内に座ると仙酔島などの瀬戸内海らしい多島美を、一幅の絵のように眺めることができる。

### 福山市まなびの館ローズコム
Fukuyama City Manabi no Yakata Rose Com
file.78 　福山市

設　計／(株)日建設計
竣　工／2008年
住　所／福山市霞町1-10-1

#### 開放的な図書空間を実現した建築作品

　図書館を中心にさまざまな機能を持つ複合公共施設。従来の図書館は直射日射を遮るため、開口を少なくしたりブラインドを使うことが多いが、本作は大きく張りだした庇によって、採光用の開口を大きく取り、開放的な空間を実現している。

### ホロコースト記念館
Holocaust Education Center, Japan
file.79 　福山市

設　計／前田圭介／UID
竣　工／2007年
住　所／福山市御幸町中津原815

#### 過去の事実を未来へつなぐ平和教育センター

　ホロコーストに関する資料館。テーマは重いが、光が差しこんで明るく、清潔感がある建物で入りやすい。分断された二つの展示室のキューブを行き来する構成は、その間のヴォイドに人々のアクティビティが溢れることを意図している。

## Mori × Hako
### 森×hako（もり はこ）
file.80 ／ 福山市

設　計／前田圭介／UID
竣　工／2009年
住　所／福山市木之庄町3-10-20

**レイヤー状の壁と窓が、建物の奥行と豊かさを表現**

「うなぎの寝床」のような敷地に建つテナントビル。テナントや坪庭を仕切るように6枚の壁を設け、レイヤー状に重ねた窓から視線が通り抜ける。条件の悪いとされる敷地奥の環境においても前面側のテナントスペースと同等以上の価値を持つよう設計されている。

## Onomichi Chamber of Commerce Memorial Hall
### 尾道商業会議所記念館
file.81 ／ 尾道市

設　計／不明
竣　工／1923年
住　所／尾道市土堂1-8-8

**見上げるような直線美を強調した、尾道の繁栄ぶりを象徴する建物**

尾道の本通り商店街に沿って建つ、かつての商業会議所。直線的な鉄筋コンクリート造が美しく、2〜3階は吹き抜けで、階段状の本格的な議場が設けられている。1階部分には石工で名高い尾道らしく、石材がふんだんに使用されている。

## Former Ohamasaki Shipping Traffic Control Signal Station
### 旧大浜埼船舶通航信号所
file.82 ／ 尾道市

設　計／不明
竣　工／1910年
住　所／尾道市因島大浜町

**布刈瀬戸に臨み、船の航行を見守った近代化遺産**

操船が困難な布刈瀬戸を行く船のため、明治43年に設置された大浜埼船舶通航潮流信号所の通行信号塔を担った建物。現在は使用されていないが、近代化遺産として、今も大事に保存されている。外観のみ見学自由。[広島県重要文化財]

## Onomichi City Museum of Art
### 尾道市立美術館
file.83 ／ 尾道市

設　計／安藤忠雄建築研究所
竣　工／2003年
住　所／尾道市西土堂町17-19（千光寺公園内）

**尾道・千光寺山の上に立つ、安藤忠雄設計の美術館**

市民の草の根による美術館建設運動により、1980年に開館。世界的建築家・安藤忠雄の設計／総監修による増改築と改修工事を経て、2003年に生まれ変わった。小林和作や森谷南人子など、ゆかりの作家たちの作品をコレクションしている。

## Shirataki Sanso (Former Residence of Marlin D. Farnum)
### 白滝山荘（旧ファーナム住宅）
file.84 ／ 尾道市

設　計／ウィリアム・メレル・ヴォーリズ建築事務所
竣　工／1931年頃
住　所／尾道市因島重井町1233

**建築家ヴォーリズの、広島県内で現存する数少ない作品**

元はアメリカ人宣教師の居宅で、斜面に建つ木造3階建て。急傾斜屋根にドーマー窓、外観を彩るハーフティンバー、れんがで飾られたエントランスまわりなど、多くの見どころがある。現在はペンションとして営業中。[国登録有形文化財]

## Three-storied Pagoda of Kojoji Temple
### 向上寺三重塔
file.85 ／ 尾道市

設　計／不明（藤原朝臣による計画）
竣　工／1432年
住　所／尾道市瀬戸田町瀬戸田57

**瀬戸田に遺る室町初期の国宝は、細部まで美しい**

尾道市生口島・瀬戸田に建つ寺院の塔で、室町初期の建物。木材などは創建時のまま残っており、歴史的価値が極めて高く、国宝に指定されている。花頭窓、蓑束、逆さ蓮華、藁座の彫など、組物に入れられた装飾彫刻は見事の一言。[国宝]

## Miharashi-tei
### みはらし亭
file.86 ／ 尾道市

設　計／不明
竣　工／1923年頃
住　所／尾道市東土堂町甲15-7

**「尾道らしさ」を満載した、歴史深いたてもの**

尾道・千光寺山の参道に面する、茶園と呼ばれる別荘建築として建てられ、戦後は旅館として活用されていた。石垣から張りだした懸造りの外観、扇垂木や高欄の手の込んだ意匠、栂木を多用した構造、菊間瓦の端正な屋根などに注目。[国登録有形文化財]

## Mihara Peforming Arts Center "Popolo"
### 三原市芸術文化センター「ポポロ」
file.87 ／ 三原市

設　計／（株）槇総合計画事務所（槇文彦）
竣　工／2007年
住　所／三原市宮浦2-1-1

**ホール施設としての機能が形となったデザイン**

三原市・宮浦公園に隣接して建てられた多目的ホール。道路側には舞台装置を配置して壁を立ち上げ、客席部分は曲面屋根で覆うなど、ホール施設として必要な機能がデザインとなって表れている。公園との一体化がはかられているのも特徴的。

## Hakuryu Dome
### 白竜ドーム
file.88 ／ 三原市

設　計／（株）竹中工務店
竣　工／1992年
住　所／三原市大和町和木1026-3

**湖畔の緑の中に建つ、「白竜」のイメージそのままの姿**

三原市大和町（旧大和町）の白竜湖の湖畔に、町の新たなシンボルとして建てられたスポーツ施設。豊かな自然に開放された、躍動感あふれるさわやかなアリーナ空間は、多くの技術とデザインの融合として創りだされている。

## Matsuzaka Family Residence
### 松阪邸
file.89 ／ 竹原市

設　計／不明
竣　工／江戸時代末期（文政〜天保）、1879年改築
住　所／竹原市本町3-9-22

**歴史的な町並みで知られる竹原の代表的な商家**

波打つような「反り(てり)・起り(むくり)」を持つ、主屋の本瓦葺きの屋根。菱格子の虫籠窓（むしこまど）。装飾性の高い1階の出格子。竹原の中でもとりわけ目を引く、華のある町家建築。合計三棟が現存し、現在は一般公開をしている。

## Fujiwara Eye Clinic
### 藤原眼科
file.90 世羅郡

設 計／風の記憶工場
竣 工／1995年
住 所／世羅郡世羅町本郷1028

**医療施設にして建築芸術。空間と呼応して建つ医院**

世羅の中心部から少し離れたところに位置する医療施設。道路側にゆとりのある広場空間が配置され、象徴的な彫刻作品が来訪者を出迎える。建物自体は広場に呼応し、その中心性を示す形で湾曲して、ほかに類のない特徴的な風景を創出している。

## Fuchu City Joge Museum of History and Culture
### 府中市上下歴史文化資料館
file.91 府中市

設 計／斉藤正毅工房+近畿大学工学部建築学科澤登研究室
竣 工／2001年
住 所／府中市上下町上下字1006

**歴史的建築の再生・活用における、理想モデルのひとつ**

江戸時代以来の白漆喰の町家が多く残る上下の公共施設。歴史ある外観を保存しながら、内部の大部分を大胆に新設。展示室、集会室、図書室などの現代的な機能が巧みに付加された、全国的に見てもユニークな建物となっている。

## Ono Institute of Social Education
### 小野社会教育施設
file.92 神石郡

設 計／不明
竣 工／1929年10月7日
住 所／神石郡神石高原町小野5892-2

**昭和初期の小学校のフォルムが、見る者の郷愁を誘う**

小学校を改修した教育施設。採光のため、教室を南側、廊下を北側に配置し、中央に玄関、西端に出入口を設けている。外観は下見板張りで、多くの窓枠は木製のまま。昭和初期の木造校舎として、県内では貴重な存在だ。[国登録有形文化財]

## Village House Nigogawa
### ビレッジハウス仁吾川
file.93 神石郡

設 計／江草設計
竣 工／1994年
住 所／神石郡神石高原町有木886-1

**和洋折衷のモダンな小学校を再生した地域のシンボル**

かつての小学校を改修、宿泊や生涯学習の場として再生した施設。明治期に多く建てられた擬洋風建築を模した和洋折衷スタイルで、屋根には特徴的な塔屋が載る。当時のままの窓ガラスは、今では再現できないものとされている。

## Mirasaka Ceramics Studio
### 三良坂陶芸学習舎
file.94 三次市

設 計／吉松秀樹+アーキプロ
竣 工／2000年
住 所／三次市三良坂町仁賀10407-2

**周囲の建物から素材や色を採り入れた、新しい「調和」のかたち**

「ハイヅカ湖畔の森」に建つ陶芸教室工房。周辺のコテージや交流施設から、素材・色を採り入れて再配置。環境と調和する新しいデザインを生みだした。シンプルかつフラットな外観になるよう、外装・構造・建具が選択されている。

## Sanrakuso
### 三楽荘
file.95 庄原市

設 計／棟梁横山林太郎
竣 工／明治中期〜昭和初期
住 所／庄原市東城町東城345-1

**現代では入手困難な木材、欄間装飾の職人技など、見どころ多し**

三楽荘(旧保澤家住宅)は明治期の建築で、東城の景観を代表する町家のひとつ。庄原市に寄贈され、東城の歴史と文化を伝える施設となっている。旅館でもあった主屋のほか、離れ、茶室、土蔵、門および塀がそろって現存している。[国登録有形文化財]

## Akiota Town Hall, Tsutsuga Branch Office
### 安芸太田町役場筒賀支所
file.96 山県郡

設 計／吉岡彦一
竣 工／1936年、1993年
住 所／山県郡安芸太田町中筒賀字1693-1

**古くから丁寧に使われてきた現役の庁舎にして、貴重な文化財**

林業が盛んな土地柄、旧村有林の木材が多く使われた役場。角型花崗岩の切石で化粧をしたコンクリートの布基礎をめぐらし、外壁はモルタル塗、腰壁はスクラッチタイル張り。半円アーチ型の玄関ポーチが美しい。[国登録有形文化財]

## Akitakata City Midori Elementary School
### 安芸高田市立美土里小学校
file.97 安芸高田市

設 計／大旗連合建築設計(株)
竣 工／2003年
住 所／安芸高田市美土里町本郷4535-2

**設計者の優しさに包まれる、丘の上の学び舎**

4つの小学校を統合して、小高い丘の中腹に建てられた小学校。内装材の多くは町内の杉・檜材を使用している。林立する丸柱で柔らかく仕切られた教室、風や視線が通りやすい開口など、快適に学べる空間となっている。見学制限あり。

# これからの
# たてものがたり

前編の「たてものがたり」で紹介された建築は２０１０年より前に建てられたもの。ここでは、２０１０年より後に建てられた２物件ご紹介します。地域に根差し、コミュニティの中心となるべく建てられた２物件。これからどんな物語を紡いでくれるのかが楽しみです。

ものがたり

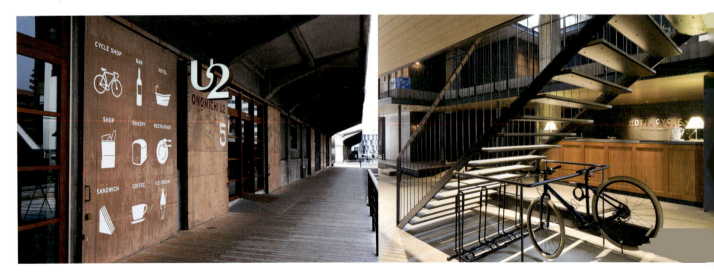

130　　これからの

# 戦時中の倉庫を
# コンバージョンした
# 尾道の新たなランドマーク

尾道水道に隣接する位置に昭和18年（1943）に建設された海運倉庫「県営上屋2号」。同建築を平成26年（2014）に躯体をそのまま残してコンバージョンした複合施設「ONOMICHI U2」がオープンした。施設内にはホテル・サイクルショップ・レストラン・カフェ・バー・ベーカリー・ショップを併設。地元食材や生産品を取り扱うなど尾道らしさを体験できる。施設内の最高天井高は約6m。南側にはボードウォークを設けるなど、開放感あふれる空間も魅力だ。設計は谷尻誠氏と吉田愛氏が手掛けた。

## ◉ ONOMICHI U2

### Shop data

TEL／0848-21-0550
住所／尾道市西御所町5-11
営業時間／ショップによって異なる
定休日／なし
駐車場／なし
HP／http://www.onomichi-u2.com

### Architecture

着工／平成25年（2013）
竣工／平成26年（2014）
※リノベーション前 昭和18年（1943）
設計者／谷尻 誠、吉田 愛
　　　　（SUPPOSE DESIGN OFFICE）
階数／地上2階（ホテル部分のみ）
敷地面積／5,247.17㎡
建築面積／2,301.13㎡
延床面積／2,697.19㎡
構造／RC造　一部S造

見学のみの訪問可能
※HOTEL CYCLEを除く。

1. そのままの躯体を生かしてコンバージョンしたことによって生かされた柱は、約5mスパンで配置されており、店舗ごとの空間の間仕切りのような存在に

2. 跳ね上がったような庇が特徴的な外観は、ほぼ竣工当時のまま。建屋外部・内部には海運倉庫として使用されていた名残である「メモ書き」がいたる箇所に残っている

3. 「HOTEL CYCLE」のロビー。客室の内装は自然素材を使用。家具は備後地方の伝統産業を素材に活用したものをそろえ、リラックスした空間を提供してくれる

4. カフェスペース。海に面するサイクルスルーでは、屋外からも商品購入ができるほか、オリジナルサンドウィッチなどを販売している

# 三次市農業交流連携拠点施設
# トレッタみよし

## 三次県産のスギを象徴的に採用した
## 人・物・文化の交流施設

　三次市内の農畜産物・加工品・民芸品の販売や調理体験工房での料理教室・実演試食などを行う市農業交流連携拠点施設「トレッタみよし」。生産者と消費者が交流できる施設を目的として、平成27年（2015）3月にオープンした。同建築の一番の特徴ともいえるのが、三次産のスギ丸太を4本組み合わせた柱「木花（きっか）」だ。大・中・小それぞれの木花が店内外に存在し、木の温もりとダイナミックさという、相反する魅力を伝えてくれる。また、梁にはベイマツを採用し、上下に交差させた格子梁で構成した大屋根が施設を覆う、優雅な外観を成している。これからの三次の発展と共に、木造ならではの経年変化も楽しめる同施設の今後が楽しみだ。

1 軒の長さは約6mと長め。その下のデッキテラスは日除け・雨除けができ、風通しもよいので快適な憩いの場

2 売店内の様子。木花を取り囲むように商品が陳列されている。三次産の野菜や果物、加工食品など約300品目のラインアップ

## 📍 三次市農業交流連携拠点施設　トレッタみよし

### Shop data

TEL／0824-65-6311
住所／三次市東酒屋町438
営業時間／9:00〜17:00
定休日／毎月第2水曜日、年末年始
駐車場／78台
HP／http://www.torettamiyoshi.jp/

### Architecture

着工／平成26年(2014)6月26日
竣工／平成27(2015)年3月20日
設計者／中薗哲也
　　　　（ナフ・アーキテクト＆デザイン有限会社）
階数／地上1階
敷地面積／6,328.63（㎡）
建築面積／908.40（㎡）
延床面積／863.47（㎡）
構造／木造

見学のみの訪問可能

ものがたり

# 参考文献

「人間と建築」丹下健三 （彰国社）
「建築まち歩きガイドブック アーキマップ広島 広島市内＋宮島」
　　　　　　　　　　　　　アーキウォーク広島 （ブックエンド）
「名所・旧跡の解剖図鑑」（エクスナレッジ）
「広島県文化百選 ④建物編」（中国新聞社）
「Casa BRUTUS」2009年6月号 （マガジンハウス）
「ヒロシマの被爆建造物は語る」（広島平和記念資料館）
「廣島から広島 ドームが見つめ続けた街」展カタログ
　　　　　　　（「廣島から広島 ドームが見つめた街」展実行委員会）
「世界平和記念聖堂」石丸紀興 （相撲書房）
「ECHO 30」（DAAD友の会）
「八木保の選択眼」（ADP）
「建築大辞典 第2版〈普及版〉」（彰国社）
「黒川紀章回顧展」（黒川紀章回顧展実行委員会）
「世界文化遺産の島 宮島を楽しむ 改訂版」（中国新聞社）
「宮島本（宮島検定）」（廿日市商工会議所）
「海上自衛隊施設などの美しい歴史的建造物」
　　　　　　　　　（防衛施設学会 歴史的建造物保存技術部会）
「呉・江田島歴史読本」（新人物往来社）
「江田島 海軍兵学校」（新人物往来社）
「LIXIL eye No.4」（株式会社LIXIL）
「御手洗 町並み保存20年の歩み」（重伝建を考える会）
「みたらい通信」（御手洗 重伝建を考える会）
「すこぶる広島2008年冬号」（広島県広報室）
「備後の歴史散歩（下）」森本繁 （山陽新聞社）
「日本はきもの博物館 総合案内」
　　　　　　　（（財）遺芳文化財団　日本はきもの博物館）
「広島県大百科事典〈下巻〉」（中国新聞社）
「おのみちを歩く尾道本 オノボン まちなみ編」
　　　　　　　　　　　　　　　　　　（尾道大学総合センター）
「藝州かやぶき紀行」青原さとし／西中国茅葺き民家保存研究会
　　　　　　　　　　　　　　　　　　　　　　　　（はる書房）
「屋根の日本史」原田多加司 （中公新書）
「日本の宝 鞆の浦 を歩く」三浦正幸 （南々社）
「ふくやま歴史散歩」（福山市）
「歴史散歩 鞆の浦 今昔」（山陽新聞社）
「地の記憶をあるく ―盛岡・山陽道篇」松本健一 （中央公論新社）
「中国地域の藩と人」（中国地方総合研修センター）
「歴史群像シリーズ よみがえる日本の城7 広島城」（学習研究社）
「軍事遺産を歩く」竹内正浩 （筑摩書房）
「新版 福山城」（福山市文化財協会）
「広島市の文化財第二三集 不動院」（広島市教育委員会 社会教育課）
「国宝建築を旅する 選ばれた53景」橋爪淳一 （同朋舎）
「日本再発見 安国寺風土記」（文芸社）
「古寺名刹みどころ事典」（東京堂出版）
「恵瓊禪師と不動院」河合正治
　　　　　　　（廣島懸史蹟名勝天然記念物等調査會 恵瓊禪師奉讃會）
「山陽道の社寺」（鹿島研究所出版会）

# INDEX

## あ行

|  |  |
|---|---|
| アーバンビューグランドタワー | 120 |
| 相原酒造 | 122 |
| 安芸太田町役場筒賀支所 | 126 |
| 安芸高田市立美土里小学校 | 126 |
| 阿多田島灯台資料館 | 122 |
| 嚴島神社 | 64 |
| 岩惣 | 122 |
| 海と島の歴史資料館（大望月邸） | 124 |
| NTTクレド基町ビル | 120 |
| 翁座 | 106 |
| 大久野島の旧軍施設 | 100 |
| 太田家住宅 | 94 |
| 奥田元宋・小由女美術館 | 114 |
| 乙女座 | 74 |
| ONOMICHI U2 | 128 |
| 小野社会教育施設 | 126 |
| 尾道ガウディハウス（旧和泉家別邸） | 90 |
| 尾道商業会議所記念館 | 125 |
| 尾道市立美術館 | 125 |

## か行

|  |  |
|---|---|
| 海上自衛隊呉史料館「てつのくじら館」 | 122 |
| 海上自衛隊呉地方総監部第1庁舎 | 122 |
| 海上自衛隊第1術科学校・幹部候補生学校 | 68 |
| 海友舎（旧江田島海軍下士卒集会所） | 78 |
| 学校法人鶴学園なぎさ公園小学校 | 121 |
| 賀茂鶴酒造 | 76 |
| 神辺本陣 | 124 |
| 木江の木造建物群 | 124 |
| ぎゃらりぃ宮郷 | 122 |
| 旧大浜埼船舶通航信号所 | 125 |
| 旧木原家住宅 | 123 |
| 旧呉鎮守府司令長官官舎 | 72 |
| 旧澤原家住宅 | 123 |
| 旧千葉家住宅 | 122 |
| 旧千代乃春酒造 | 123 |
| 旧日本銀行広島支店 | 52 |
| 旧広島港湾事務所 | 121 |
| 旧マルヤマ商店事務所 | 86 |
| 旧陸軍被服支廠倉庫 | 20 |
| グランドプリンスホテル広島 | 120 |
| 呉市くらはし温水プール「ウイングくらはし」 | 123 |
| 呉市上下水道局旧平原浄水場 低区配水池 | 123 |
| 呉市役所市民部音戸市民センター | 123 |
| 原爆ドーム（旧広島県産業奨励館） | 36 |
| 県立広島大学広島キャンパス図書館 | 121 |
| 恋しき | 110 |
| 其阿弥美術館 | 123 |
| 耕三寺 潮聲閣 | 14 |
| 向上寺三重塔 | 125 |
| コンクリート船　武智丸 | 123 |

## さ行

|  |  |
|---|---|
| 三楽荘 | 126 |
| 市営基町高層アパート | 24 |
| 酒泉館（旧広島県醸造支場） | 124 |
| 浄土寺 | 82 |
| 時報塔（鐘撞堂） | 124 |
| 白滝山荘（旧ファーナム住宅） | 125 |
| 鈴が峰第2住宅団地 | 121 |
| 世界平和記念聖堂（カトリック幟町教会） | 42 |

## た行

|  |  |
|---|---|
| ダイクレ呉第二工場 | 123 |
| 對潮楼 | 124 |
| 多家神社の宝蔵 | 122 |
| トレッタみよし | 132 |

## は行

|  |  |
|---|---|
| 白竜ドーム | 125 |
| 磐台寺観音堂（阿伏兎観音） | 96 |
| 比治山ホール（放影研宿舎） | 121 |
| ビレッジハウス仁吾川 | 126 |
| 広島県庁舎 | 120 |
| 広島県立美術館 | 120 |
| 広島市江波山気象館 | 120 |
| 広島市環境局中工場 | 48 |
| 広島市郷土資料館（旧宇品陸軍糧秣支廠建物） | 121 |
| 広島市現代美術館 | 54 |
| 広島市西消防署 | 121 |
| 広島市立矢野南小学校 | 122 |
| 広島市立基町高等学校 | 120 |
| 広島市立袋町小学校／まちづくり市民交流プラザ | 120 |
| 広島城 | 120 |
| 広島通信病院旧外来棟 | 121 |
| ひろしま美術館 | 121 |
| 広島平和記念資料館 | 30 |
| 福寿会館 | 124 |
| 福屋八丁堀本店 | 120 |
| 福山市まなびの館ローズコム | 124 |
| 福山城伏見櫓 | 98 |
| 藤原眼科 | 126 |
| 不動院 | 56 |
| 府中市上下歴史文化資料館 | 126 |
| 筆の里工房 | 122 |
| ホロコースト記念館 | 124 |

## ま行

|  |  |
|---|---|
| 松阪邸 | 125 |
| MAZDA Zoom-Zoomスタジアム広島（広島市民球場） | 60 |
| 三瀧荘 | 121 |
| みはらし亭 | 125 |
| 明王院 | 124 |
| 三原市芸術文化センター「ポポロ」 | 125 |
| 三良坂陶芸学習舎 | 126 |
| 森×hako（もり はこ） | 125 |

## や行

|  |  |
|---|---|
| ヤマモトロックマシン | 08 |
| 吉原家住宅 | 92 |

## ら行

|  |  |
|---|---|
| 両城の階段住宅 | 123 |

# HIROSHIMA TATEMONOGATARI

2016年10月1日発行　定価(本体1000円+税)

| | |
|---|---|
| 発行人 | 田中朋博 |
| 監修 | 高田真（ひろしまたてものがたり選定委員） |
| 制作協力 | 広島県土木建築局営繕課 |
| デザイン | 徳田亮、佐藤穂高（佐藤デザイン）、益田洋平（株式会社スイッチデザインワークス） |
| 編集・制作 | 佐伯利恵、山田安由美 |
| 取材・文 | 五庵保典、木坂久恵、新庄谷隆、森本記子、篠原ゆき、小野塚謙太 |
| 編集アシスタント | 岩本有希、寺内敦子、衛藤潮理、菊澤昇吾 |
| 写真 | 中尾俊之・内田和宏（Life Market）<br>竹川安香子（Studio KENZO）、西田英俊（nps） |
| 販売 | 野川哲平、清水有希、小田厚美 |
| 校正・校閲 | 大田光悦 |
| 進行管理 | 西村公一 |
| 編集 | 株式会社ザメディアジョンプレス<br>ホームページ http://www.mediasion.co.jp/<br>〒733-0011　広島市西区横川町2-5-15<br>TEL 082-503-5051　FAX 082-503-5052 |
| 発行・発売 | 株式会社ザメディアジョン<br>ホームページ　http://www.mediasion.co.jp/<br>〒733-0011 広島市西区横川町2-5-15<br>TEL 082-503-5035　FAX 082-503-5036 |
| DTP製作 | STUDIO RACO |
| 印刷・製本 | 株式会社シナノパブリッシングプレス |

本書の無断複写・複製・転写を禁じます。法律で定められた場合を除き、著作権の侵害となります。造本には十分注意しておりますが、落丁・乱丁本（ページの順序の間違いや抜け落ち）の場合はお取替えします。購入された書店を明記して、小社「たてものがたり係宛」までお送りください。送料は小社負担でお送りいたします。ただし、古書店で購入したものについてはお取替えできません。

ISBN978-4-86250-448-7　　©ザメディアジョンプレス2016 Printed in Japan